t.

OÖNachrichten EDITION BY **TRAUNER**

D1669290

Dinge,

DIE WIR AN OBERÖSTERREICH LIEBEN

99 Best-of aus der beliebten **OÖN-Serie**

IMPRESSUM

1. Auflage 2023

© 2023 by TRAUNER Verlag + Buchservice GmbH, Köglstraße 14, A-4020 Linz

Layout und Umschlaggestaltung: Bettina Victor, Oskar Fleischanderl

Serien-Koordinator: Bernhard Lichtenberger

Lektorat und Produktmanagement: Dr. Regina Jaschke

Herstellung: Plöchl Druck GmbH, Werndlstraße 2, A-4240 Freistadt

Umschlagfotos: stock.adobe.com

www.trauner.at

ISBN: 978-3-99151-086-4

Die OÖN-Serie „99 Dinge" erschien in Kooperation mit Oberösterreich Tourismus.

Dinge,

DIE WIR AN OBERÖSTERREICH LIEBEN

Zwergerlschnäuzen

Goiserer

Gstanzlsingen

Bauernkrapfen

99 Best-of aus der beliebten **OÖN**-Serie

INHALTSVERZEICHNIS

Faszination Heimat	7
Warum dieses Gold nachhaltig ist und Kekse die beste Währung sind	8
Wer geht nicht gerne Zwergerlschnäuzen?	12
Wandern und staunen am (s)achten Weltwunder	16
Gehirn durchlüften abseits von Hierarchien	20
Zu Besuch beim letzten Wachszieher	24
Zwischen den Jahren liegt etwas Mystisches in der Luft	28
Die Krippenbaumeisterin aus dem Salzkammergut	32
Die Explosion am Gaumen	36
Rühren, schleifen, ausziehen, backen ... Bauernkrapfen	40
Das weiße Gold aus dem Innviertel	44
Landl-G'schichtn van Dichtn	48
Das süße Geheimnis der Gramastettner Krapferl	52
Einfach nur der Natur zusehen: Cumberland Wildpark Grünau	56
Seit 130 Jahren eine steile Angelegenheit	60
Der Traunstein: Keiner ist wie er	64
Der Raddampfer Gisela ist die Königin des Traunsees	68
Heiß, heißer, die Kesselheiße	72
Das süße Souvenir der Stahlstadt: Linzer Torte	76
St. Florians singende Knaben	80
Der König an der Grenze	84

88 Das Neujahrsschnalzen in Linz: „Eine Kunst, die man lernen muss"

92 Erdäpfelkas – Man macht es immer richtig

96 Die Fledermäuse und die Kellergröppe

100 Das Mohnflesserl – Aber bitte mit Salz!

104 Der Jahrmarkt der großen Tradition

108 Moorschwestern, Fuchtlmandl und die „Daunerau"

112 Im Schritttempo zur Entschleunigung

116 Globale Subkultur im Linzer Hafen

120 Vom Irdischen ins Himmlische

124 Die singenden Steine des Mühlviertels

128 Auf und der Gams nach im Nationalpark!

132 Es kann nur einen Leberkas-Pepi geben

136 Wo auch Jacqueline zur Heiligen wird

140 Christkind, Bäckernazl und Liachtlausblaser im Steyrer Kripperl

144 Aug' in Aug' mit einem Leberschedl

148 Schwarz und weiß – wie der LASK, so das Leben

152 Beim Goiserer drückt kein Schuh

156 Wenn die Hufe klappern mitten in der Stadt

160 Pechöl, der Mühlviertler Heilsam

164 „Wie ein kleines Woodstock"

168 Bildnachweis

**Wandern rund
um Linz**
ISBN 978-3-99113-054-3
EUR 17,90

**Genusswandern
in Oberösterreich**
ISBN 978-3-99062-442-5
EUR 17,90

**Skitouren in
Oberösterreich**
ISBN 978-3-99033-842-1
EUR 17,90

**Bergwandern in
Oberösterreich**
ISBN 978-3-99033-443-0
EUR 17,90

**Wandern in
Oberösterreich**
ISBN 978-3-99033-354-9
EUR 17,90

**Genuss-Biken in
Oberösterreich**
ISBN 978-3-85499-741-2
EUR 17,90

33 Stars des Handwerks
ISBN 978-3-99113-070-3
EUR 27,90

Sag amoi
ISBN 978-3-99113-228-8
EUR 17,90

FASZINATION HEIMAT

Was haben König Dachstein, die Gramastettner Krapferl, das Mundartdichten, das Steyrer Kripperl, der Cumberland Wildpark, der Leberkas-Pepi, der LASK, die Graffiti im Mural Harbor und die St. Florianer Sängerknaben gemeinsam? Sie machen die Faszination Heimat aus und gehören zu den „99 Dingen, die wir an Oberösterreich lieben".

Im vorliegenden „Best-of" aus der beliebten OÖN-Serie stellen wir die Besonderheiten, Köstlichkeiten und Schönheiten in die Auslage, die unser Bundesland ausmachen. Dazu zählen einzigartiges Handwerk wie die Herstellung des traditionellen Goiserers oder der Mühlviertler Blaudruck, kulinarische Genüsse wie der Innviertler Kübelspeck, die Kesselheiße oder der Leberschedl sowie Brauchtum wie das Neujahrsschnalzen.

Lassen Sie sich von Oberösterreich faszinieren!

Susanne Dickstein
Chefredakteurin Oberösterreichische Nachrichten

WARUM DIESES GOLD NACHHALTIG IST UND KEKSE DIE BESTE WÄHRUNG SIND

Die Goldhaube ist eine waschechte Oberöster-reicherin. Genauso wie Barbara Marksteiner, die mit ihrer Schwester Sabine Grünberger die Goldhauben-Gruppe im Bezirk Perg leitet. Eine Tradition, die erfüllt, beseelt und beglückt.

Von Barbara Rohrhofer

„Wir leben Gemeinschaft, bewahren Altes und wagen Neues, wir geben mit Liebe".

Das ist der Leitspruch jener rund 18.000 Frauen in Oberösterreich, die zur Gemeinschaft der „Goldhauben-, Kopftuch- und Hutgruppe" gehören, die von 17 Bezirksobfrauen gemanagt wird. Zwei davon sind die Schwestern Barbara Marksteiner, 47, und Sabine Grünberger, 46, die die Bezirksgruppe Perg leiten.

Ihre Liebe zur Goldhaube ist – wenn man so will – ein bisschen genetisch bedingt. Die Mutter hatte eine, die Schwiegermutter auch und irgendwann „geht einem dieses Gold direkt ins Herz", erzählt Sabine Grünberger, die vor acht Jahren damit begonnen hat, sich ihre eigene Goldhaube zu sticken. 300 Stunden hat sie dafür gebraucht, der Wert der Materialien lag bei 1350 Euro. Es würde aber auch günstiger gehen. Ab 700 Euro sei man dabei. Ewige Haltbarkeit und Exklusivität (es gibt keine zwei gleichen Hauben) beinahe garantiert.

„Damit sind Goldhaube und das dazu passende Seidendirndlkleid an Nachhaltigkeit kaum zu übertreffen", sagt Grünberger, die in ihrem Brotberuf im Qualitätsmanagement arbeitet – Schwerpunkt: Umwelt und Nachhaltigkeit. Ihre Schwester Barbara ist leidenschaftliche Landwirtin und betreibt ein Gästehaus in Mauthausen.

Der größte Charity-Club im Land
Ihre Goldhauben tragen sie zu vielen kirchlichen Anlässen, aber auch bei Events wie

Hutschachteln für die goldenen Schätze

„Donau in Flammen", wo die Goldhaubenfrauen von den amerikanischen Touristen bestaunt und bewundert wurden.

> *„Unser Ziel ist es zu helfen, Freude zu machen und Schönheit ins Leben zu bringen. Unsere Währung sind übrigens Kekse."*
>
> *Barbara Marksteiner, Bezirksobfrau der Goldhauben- und Trachtengruppen des Bezirks Perg*

Seit der Biedermeierzeit gehört die Goldhaube zur Trachtenkultur. Die bekannteste Haube in Österreich ist die Linzer Goldhaube. In Reiseschilderungen erwähnt Ignaz de Luca 1782 erstmals diese Haubenform. Ab 1805 wird sie überall in Oberösterreich und in Teilen des angrenzenden Bundeslandes Salzburg getragen. Heute steht die Goldhaube für gelebte Tradition, für Gemeinschaft und für soziales Engagement. „Wir sind der größte weibliche Charity-Club im Land. Allein im vergangenen Jahr haben wir 750.000 Euro an Spenden gesammelt. Diese Summe ist durch den Verkauf von Keksen zusammengekommen: Kekse sind eben unsere Währung", erzählt Marksteiner. „Unser Ziel ist es, zu helfen, Freude zu machen und Schönheit ins Leben zu tragen". Die Goldhaubengruppen im Land treffen sich regelmäßig. „Bei uns gehören Jung und Alt zusammen und wir leben eine Gemein-

Die Perger Goldhauben-Chefinnen Sabine Grünberger (li.) und Barbara Marksteiner

schaft, die unser Leben bereichert", erzählen die Schwestern. Es werden gemeinsame Reisen organisiert und es gibt regelmäßige Handarbeitsrunden.

Seit Trachtiges vor mehr als zehn Jahren wieder in Mode gekommen ist, würden sich auch junge Frauen wieder mehr für die Goldhauben interessieren. Denn zur edlen Kopfbedeckung gehört natürlich ein Dirndl, vorzugsweise aus Seide. Es darf aber auch die örtliche Tracht sein. „Natürlich sollte sie lang sein. Obwohl wir uns durchaus vorstellen könnten, dass der Dirndlrock etwas kürzer sein könnte." So viel Erneuerung dürfe durchaus sein. „Was gar nicht geht, ist eine Goldhaube, die zu Jeans und Blusen kombiniert wird", sind sich die beiden gestrengen Expertinnen einig.

Kreativität dürfe aber durchaus sein. Und so sei es jeder Trägerin überlassen, ihr Kleid zu veredeln: mit Perlenstickereien, Spitzeneinsätzen, Smokarbeiten und Spitzenkrägen. „So ein Dirndl hat man ein ganzes Leben lang", sagt Barbara Marksteiner. „Sollte sich das Gewicht der Trägerin verändern, kann das Kleid einfach größer und kleiner geschneidert werden." So eine Tracht sei nicht nur ein historischer Schatz, sondern auch ein Korrektiv für die Figur. Wenn's Dirndl zwickt, sei es an der Zeit, bei den Keksen zu sparen.

WIE ALLES BEGANN

Die Goldhauben

13. Jahrhundert

Goldbestickte Hauben werden in unseren Breiten seit dem 13. Jahrhundert zu besonderen Anlässen getragen und in der Familie weitergegeben.

Um 1760

Schon um 1760 wurde in bürgerlichen Kreisen die Böndel- oder Bodenhaube getragen, die der heutigen Mädchen- und Bürgerhaube glich. Im Verlauf des 18. und frühen 19. Jahrhunderts entwickelten sich die weichen Stoffhauben, die wegen ihrer reichen goldenen Stickverzierungen Goldhauben genannt wurden. Zunächst wurden die Seitenteile der Haube nach hinten gezogen und der Boden oder Böndel zum Knauf geknotet.

Im 19. Jahrhundert

Um 1830 entstand schließlich die Goldhaube in ihrer heutigen Form. Rasch wurde die Goldhaube eine beliebte Kopfbedeckung, sodass Mitte des 19. Jahrhunderts sogar eine eigene handwerkliche Industrie damit beschäftigt war, das Material für die „güldenen Haubm" herzustellen.

2017

Die UNESCO nimmt die Linzer Goldhaube in das nationale Verzeichnis des immateriellen Kulturerbes auf.

11

WER GEHT NICHT GERNE ZWERGERLSCHNÄUZEN?

Eigentlich reißt sich ja niemand darum, jemand anderen zu schnäuzen. Aber bei den Zwergerln ist das etwas anderes, denn das bedeutet einen Besuch in der Linzer Grottenbahn und damit eines Ortes, der an viele gute Geister erinnert …

Von Helmut Wittmann

Mit dem Charme des Nostalgischen wird da eine Welt jenseits der alltäglichen Wirklichkeit lebendig. Der Turm einer alten Wehranlage öffnet sich zu einer geheimnisvollen Welt. Hier leben Märchen auf und deuten an, was in der Fülle des Lebens noch alles möglich ist. Im Bauch des Drachens geht es in ein unterirdisches Reich. Da funkeln Edelsteine, Kristalle und andere Schätze, wohlbehütet von Zwergen!

Eines vorweg: Wer in der Grottenbahn in den vollen Genuss kommen will, tut gut daran, das rationale Denken schon beim Eingang an der Kasse abzugeben. Hier darf die Fantasie ohne erkennbaren Sinn und Zweck aufblühen. Denn, so wichtig und so hilfreich ein klarer Verstand sein kann: Allzu oft ist er dem Erfindungsreichtum im Wege. Hilfreiche Geister sind hingegen als Quelle der Inspiration immer willkommen. Und so geht es nach dem Auftakt im Reich der Zwerge ein Stockwerk tiefer auf den Stadtplatz von Linz. Der schaut im Nachbau aus, wie er nie war, und in der Fantasie vieler doch genauso lebt. Wer wurde als Kind hier nicht zum Würstelmann geschickt um ein Paar Würstel? So lebensnah echt, wie die da über dem Kessel baumeln, hat man gleich den Duft frisch gekochter Frankfurter in der Nase. Damit ist zwar nicht der Bauch, aber immerhin die Nase voll, und das ausnahmsweise im besten Sinn.

Grimm vs. Disney

Getragen von diesem Wohlgefühl, führt der Weg zu Schau-Plätzen Grimm'scher Märchen: Hänsel und Gretel, Frau Holle, Dornröschen, Schneewittchen und die sie-ben Zwerge. Sie alle und noch viele mehr stehen, sitzen und liegen da, als wären sie vom Zeitgeist gebannt und versteinert worden. Gerade aber, weil sich nichts rührt, belebt ihre lebensgroße Erscheinung die Fantasie umso mehr. Wie ist das denn wirklich mit der Frau Holle und dem Schnee? Weshalb muss das Dornröschen so lange schlafen? Warum sind denn die Zwerge beim Schneewittchen so verzweifelt? In Stichwörtern sind diese Ikonen abendländischer Märchen-Kultur vielleicht noch bekannt. Aber wie die Geschichte genau geht – das muss schon nachgelesen werden. Die Kinder kennen eher die Fassung von Disney als das Grimm'sche Original. Und so stehen in der Grottenbahn die Kurzfassungen der Märchen auf Deutsch genauso zu lesen wie in Englisch. Das holt die Eltern

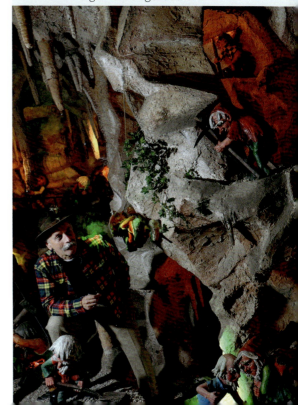

Hier wird Bergkristall abgebaut.

beim Erzählen der Geschichte wieder herunter vom Glatteis.

Und wie ist das mit dem Zwergerlschnäuzen jetzt wirklich? Rien Poortvliet liefert in seinem umfassenden Werk „Das große Buch der Heinzelmännchen – die ganze Wahrheit über Herkunft, Leben und Wirken des Zwergenvolkes" einen wesentlichen Hinweis: „Genau wie die Tiere ‚sieht' auch das Heinzelmännchen einen Großteil der Welt durch die Nase." Während der Mensch rund fünf Millionen Riechzellen hat, sind es bei Zwergen rund 95 Millionen. Weiters führt Poortvliet aus: „Eine gute Nase kann eine unbeschränkte Anzahl Düfte wahrnehmen, und zwar von sämtlichen Lebewesen, die es auf Erden gibt." Ein

Nasenkatarrh reduziert bei einem Zwerg die Wahrnehmung der Welt also auf das Niveau eines zugestöpselten Handynutzers. Bei der hohen Luftfeuchtigkeit in der Grottenbahn – 65 Prozent sind ein guter Schnitt – ist das Zwergerlschnäuzen deshalb ein wirklich angebrachter Akt der Fürsorge.

Mag sein, dass sich jetzt manche fragen: Zwerge? Wovon schreibt dieser Mensch eigentlich?

„Nichts steht ... grundsätzlich der Annahme entgegen, dass es Zwerge tatsächlich gegeben hat", stellt eine Arbeitsgruppe der österreichischen Ministerialbürokratie in Jörg Mauthes Schlüsselroman „Die große Hitze"

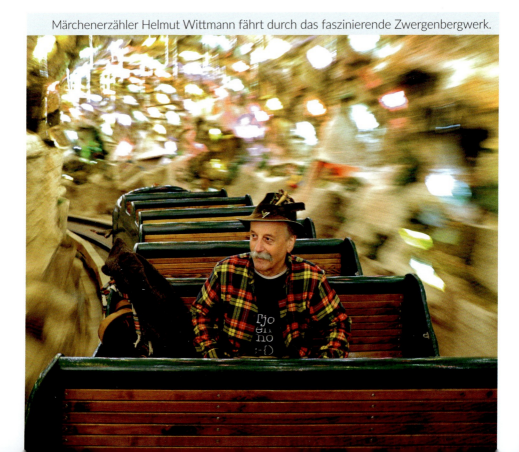

Märchenerzähler Helmut Wittmann fährt durch das faszinierende Zwergenbergwerk.

fest. Und weiter: „Für sie sprechen unzählige bis in unsere Tage hinein vorgebrachte Augenzeugenberichte, dagegen nichts als ein Vorurteil, demzufolge alle jene Zeugen Opfer eines Aberglaubens, Lügner oder Phantasten gewesen seien. Und schließlich sehen wir keinen fundamentalen Widerspruch zu der theoretischen Annahme, dass, da es offenbar Jahrtausende hindurch an Zwergen nicht gemangelt hat, solche auch heute noch vorhanden sind und lediglich nicht in Erscheinung treten."

In der Grottenbahn treten sie in Erscheinung. Wer sie dort sieht, nimmt ihren Zauber vielleicht auch im Alltag wahr. Schau' ma ...

Frankfurter im Reich der Grottenbahn

WIE ALLES BEGANN

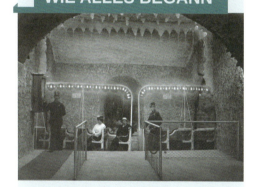

Die Grottenbahn

1898
Am 29. Mai 1898 unternahm die Bergbahn ihre erste Fahrt auf den Pöstlingberg.

1906
Am 6. Mai 1906 drehte die Grottenbahn in einem Turm der maximiliani-

schen Befestigungsanlage ihre ersten Runden – die letzte bei Dunkelheit, mit dem erleuchteten Schild „Küssen verboten".

1948
1945 durch Bomben zerstört, fuhr die nach Plänen der Linzer Keramikerin und Bildhauerin Friederike Stolz neugestaltete Bahn ab 1948 durchs Zwergenreich, seit 1950 zeigen sich im Untergeschoß der Hauptplatz um 1900 und in den Seitengassen 16 Märchengruppen.

2017
Das besucherstärkste Jahr: In der Grottenbahn mit 963 Glühbirnen, 1.213 Eiszapfen und 65 Zwergen wurden 151.948 Gäste gezählt, darunter 86.107 Kinder.

WANDERN UND STAUNEN AM (S)ACHTEN WELTWUNDER

Als „geniales technisches Meisterwerk" der damaligen Zeit lädt der Schwarzenbergische Schwemmkanal heute ein, an seinem Lauf die Natur zu genießen. Am besten zu Fuß oder mit dem Fahrrad.

Von Thomas Fellhofer

Wanderer und Radfahrer geben Geleistetes gerne in Höhenmetern an. Der Höhenunterschied war es auch, der weiland Josef Rosenauer beschäftigte, als er den Schwarzenbergischen Schwemmkanal plante. Der Ingenieur und Landvermesser schaffte die technische Meisterleistung, die Kontinental-Wasserscheide zu überwinden und die Moldau mit der Donau zu verbinden. Sein Vermächtnis dient heute längst nicht mehr der Brennholz-Beförderung vom Böhmerwald nach Wien. Heutzutage haben Wanderer und Radfahrer den Kanal für sich entdeckt. Und doch schwimmen immer noch die Scheiter, dann nämlich, wenn Gerhard Stockinger und seine Schwemmer-Kollegen zur Schauschwemme laden.

Naturerlebnis am Kanal

Der Schwemmkanal ist bei Wanderern und Bikern gleichermaßen beliebt. Das weiß auch Simone Kneidinger, die im Försterhaus des Stiftes Schlägl nur unweit vom Kanal entfernt lebt: „Heuer waren die Leute richtig auf der Suche nach solchen Angeboten. In den vergangenen Wochen kamen viele Wanderer, um am Schwemmkanal entlangzugehen", erzählt sie während einer kleinen Wanderung.

Dabei macht man sich natürlich Gedanken über das „(s)achte Weltwunder", wie der Schwemmkanal auch genannt wird. Kaum vorstellbar, dass in dem etwa drei Meter breiten und einen Meter tiefen Kanal mit nur zweieinhalb Metern Gefälle pro Kilometer Scheiter in großem Stil geschwemmt wurden. Und dennoch waren es während der über 100 Jahre dauernden „goldenen

Schwemmer Gerhard Stockinger

Zeit" fast acht Millionen Raummeter Holz, die zur Großen Mühl getriftet wurden.

Schauschwemmer am Werk

Wer zufällig zur richtigen Zeit am richtigen Ort ist oder sich vorher informiert hat, kann bei einer Schauschwemme erleben, wie früher das Holz transportiert wurde. Einer, der das Handwerk des Schwemmens beherrscht, ist Gerhard Stockinger aus Aigen-Schlägl. Gelernt hat er das von seinem Onkel, der viel zu früh verstorbenen Schwemmer-Legende Ewald Fuchs.

Mit breitkrempigem Hut, Ganzholzschuhen, einem in den Gürtel hochgesteckten

Vierfleck und einem Schwemmhaken zeigt er Interessierten, wie die Scheite dirigiert werden müssen. Eine harte Arbeit sei das gewesen. Burschen, Männer, aber auch Frauen waren mit der Holzschwemme beschäftigt: an die 1.000 Personen in den goldenen Jahren im 19. Jahrhundert. Dass vor allem auf tschechischer Seite der Kanal nebst erwanderbarer Begleitstraße so gut erhalten ist, ist einer Initiative des Nationalparks Sumava zu verdanken. Der Kanal wurde als Denkmal aufwendig restauriert und steht Wanderern und Radfahrern gleichermaßen zur Verfügung. Aber auch auf österreichischer Seite gibt es Interessantes zu sehen: „Besonders schön ist die Steilstufe in Morau bei St. Oswald/Haslach", verrät Stockinger, der selbst gerne mit kleineren Radgruppen die Region erkundet. Um den

1821 gebauten Tunnel in Hirschberg zu bewundern, muss man wieder „hinein" ins Böhmische. Der älteste Tunnel Europas soll dieser sein, glaubt man den Erzählungen.

Leichte Wanderung

Die Schwemmkanalrunde selbst beginnt fast vor Simone Kneidingers Haustür beim Landhotel Haagerhof. Nach zweieinhalb Stunden gelangt man zur Iglbach-Doppelbrücke. Der Schwemmkanal wurde an dieser Stelle restauriert. Man passiert das Hochmoorgebiet der Bayrischen Au und kommt schließlich zur Schrollenbachschleuse. Dort finden in den Sommermonaten ebenfalls Schwemmvorführungen statt. Nach fast 13 Kilometern gelangt man wieder nach Oberhaag.

Am Schwemmkanal lässt es sich trefflich wandern (oder auch gemütlich Rad fahren).

Fort schwimmen die Scheiter.

WIE ALLES BEGANN

Der Schwemmkanal

14. Jahrhundert

Die Idee, die Moldau und die Donau, zwei in verschiedene Meere fließende

Flüsse, zu verbinden, entstand schon zur Mitte des 14. Jahrhunderts, zur Zeit des Kaisers Karl IV. Ein wirtschaftlich so notwendiger Wasserweg würde aus den böhmischen Ländern eine bedeutende Kreuzung schaffen, nicht nur auf den Land-, sondern auch auf den Wasserwegen.

18. Jahrhundert

Den Entwurf des Schwemmkanals arbeitete Ingenieur Josef Rosenauer (1735-1804), Angestellter der Obrigkeitsverwaltung der Schwarzenbergischen Herrschaft mit Sitz in Krumau, aus. Dieser Baumeister legte im Jahre 1775 einen Bauplan für einen der merkwürdigsten Wasserwege vor.

19. Jahrhundert

Die Gesamtlänge des Wasserweges erreichte von der Mündung des Flusses Mühl in die Donau bis zum Zwettelbach insgesamt 89,7 km. Der Kanal wurde mit Wasser aus 21 Bächen gespeist. Das ganze ausgedehnte Werk wurde von 87 Brücken, 80 Wasserdurchlässen, 78 Wassergräben und 22 Schleusen ergänzt.

GEHIRN DURCHLÜFTEN ABSEITS VON HIERARCHIEN

Entstanden ist das Spiel in Italien, die Terminologie hat sich aus dem Französischen herausgebildet. Dennoch ist Tarock ein zutiefst oberösterreichisches Kartenspiel, das stundenlang Herz und Hirn erfreut.

Von Dietmar Mascher

Das Tarockieren ist im Mühlviertel Teil der Sozialisation. Kinder dürfen zunächst nur zusehen, nach Monaten oder Jahren einmal kurz einspringen, ehe sie „richtige" Kartenspieler werden. Tatsächlich könne man die Spielregeln in ein paar Stunden erlernen. Wirklich beherrschen würde man das Spiel aber erst nach vielen Jahren, sagt der Chef von Strasser Stein, Hannes Artmayr, der das Kartenspiel erst vor wenigen Jahren erlernt hat und mittlerweile zu einem leidenschaftlichen Tarockierer geworden ist.

Auch seine Lehrmeister, der ehemalige Vizekanzler Reinhold Mitterlehner und dessen Schwager, der Wirt Peter Haudum, waren Spätberufene. Nur der Vierte im Bund an diesem Tag des OÖN-Besuchs in Helfenberg, der Chef der Business Upper Austria, Werner Pamminger, ist wirklich mit den 54 Karten aufgewachsen. „Wir haben jeden Tag im Schulbus zwischen Lembach und Rohrbach gespielt. Da habe ich gelernt, mich zu organisieren und meine Hausübungen rechtzeitig zu machen. Denn im Bus war keine Zeit. Da spielten wir 90 Minuten Tarock am Tag."

Auch wenn das Spiel vor 600 Jahren in der Po-Ebene erfunden wurde und in halb Europa gespielt wird: Helfenberg ist mittlerweile zu einer Tarock-Hochburg geworden, weil der leidenschaftliche Kartenspieler Peter Haudum die Chance sah, die unterschiedlichen Tarock-Veranstaltungen zu einem Mühlviertler Tarock-Cup zusammenzufassen. Mit Enthusiasten wie Karl Haas senior und seinem gleichnamigen Sohn

Beim Tarock ist die Herkunft egal, Hauptsache, man kennt die Regeln.

wurde eine Massenbewegung entwickelt. An 25 oder 26 Orten findet der Tarockcup statt. 8.000 Tarockierer sind als Mitglieder registriert.

Ausgangspunkt war das Promi-Tarockieren, das der ehemalige Raiffeisen-Generaldirektor Ludwig Scharinger beim Haudum angestoßen hatte. Da kamen Kabarettistin Lore Krainer, Regisseur Franz Antel, Bischof Kurt Krenn, ÖFB-Präsident Beppo Mauhart, die ehemaligen Minister Maria Berger und Willi Molterer, die beiden Präsidentschaftskandidaten Rudolf Streicher und Andreas Khol sowie Verbund-Chef Wolfgang Anzengruber genauso zum Königrufen wie Alt-Landeshauptmann Josef Ratzenböck oder der Schlägler Abt Martin Felhofer.

Auch Mozart und Freud

Auch wenn die Promi-Dichte punktuell sehr hoch war und auch frühere „Promis" wie Wolfgang Amadeus Mozart und Sigmund

„Ich habe beim Tarock mit Politikern gespielt, die dort wie da zum falschen Zeitpunkt das falsche Risiko nahmen."

Reinhold Mitterlehner,
Ex-Vizekanzler und Tarockierer

Freud begeistert kartelten, soll dies nicht darüber hinwegtäuschen, dass Tarock ein hierarchiefreies Spiel ist. Es gibt keinen Promi-Bonus. Und wenn im Wirtshaus, etwa bei der so genannten Spielroas, gespielt wird, sind Stand und Herkunft egal, solange man die Spielregeln beherrscht.

Und kein Staudenhocker ist. So nennt man jene zurückhaltenden Spieler, die jedes Risiko scheuen und auch mit scheinbar besten Karten nichts wagen.

Denn das Tarockspiel straft dieses Staudenhocken umgehend. Der Reiz des Spiels besteht darin, dass es so viele Spielmöglichkeiten gibt und vor keinem Spiel klar ist, wer gegen wen spielt. Da sechs Karten im Talon liegen, der auch nicht immer aufgedeckt wird, kann auch erst am Ende eines Spiels klar werden, wer ein Team war.

Im Spiel mit den vier Farben und den 22 Tarock, die mit Ausnahmen stets stechen, ist der Variantenreichtum Trumpf. „Es ist ein wunderbares Spiel, um abzuschalten und das Gehirn durchzulüften, weil man sich wirklich konzentrieren muss und damit auch den Alltag ausblendet", sagt Reinhold

Ein Blatt mit Tarock und Farbkarten

Mitterlehner, der auch während seiner Zeit in der Bundesregierung regelmäßig tarockierte, etwa mit dem ehemaligen Bundeskanzler Alfred Gusenbauer. Wichtig sei, dass beim Spiel alle vier Spieler gleich viel oder gleich wenig trinken und ein ähnliches Spielverständnis haben. Dann sei garantiert, dass es ein langer, aber kurzweiliger Abend wird, sagt Mitterlehner, der bei Tarock auch Politikerkollegen kennengelernt haben will, die „sowohl in der Politik als auch beim Tarock zur falschen Zeit das falsche Risiko genommen haben".

Beim Tarock gibt es eine Reihe von Varianten und unterschiedlichen Regeln. In Helfenberg und beim Tarockcup hat sich das Königrufen durchgesetzt.

Tarock spielt man seit der Renaissance.

ZAHLEN & FAKTEN

Ein Spiel mit eigener Sprache

Tarock
54 Karten mit vier Farben sowie 22 Tarock, die nummeriert sind und als Trumpf meist stechen.

Gstieß
Ist eine Verballhornung des „Sküs", der höchsten Tarockkarte. Der Name leitet sich aus dem Französischen ab. Man entschuldigte sich dafür, dass man den Trumpf hatte und einen Stich machte: „Excuse-moi".

Pagat, Uhu und Kakadu
Die drei kleinsten Tarock. Man verleiht dem Spiel Reiz, wenn man sie ansagt, also ankündigt, dass man mit dem Einser den letzten, mit dem Zweier den vorletzten, mit dem Dreier den drittletzten Stich macht.

Fahren
Traut sich niemand ein Spiel zu, kann der Spieler in der Vorhand „fahren". In diesem Fall verliert, wer die meisten Punkte hat. Eine Runde lang zählen dann alle Spiele doppelt.

Tarockrunde in Helfenberg

ZU BESUCH BEIM LETZTEN WACHSZIEHER

*Gerhard Wimmer vom Unterlehner-Hof in Wald-
hausen beherrscht noch die Kunst des Wachsziehens. Das alte Handwerk wurde in seiner Familie
von Generation zu Generation weitergegeben.*

Von Valerie Hader

Die alte Kunst des Wachsziehens.

Er ist gar nicht so leicht zu finden und man muss sich schon die Mühe machen, ein paar scharfe Kurven zu überwinden, um zum Unterlehner-Hof in Waldhausen zu gelangen. Doch dort wird man bei schönem Wetter nicht nur mit einer sensationellen Aussicht auf die sanften Hügel des Mühlviertels belohnt, sondern auch noch mit einem herrlichen Duft nach frischem Wachs.

Seit 300 Jahren ist der Bauernhof in Besitz der Familie Wimmer – und vermutlich so lange wird auch das alte Handwerk des Kerzenziehens praktiziert. „Ich kann mich noch an meinen Großvater erinnern, der hat das meinem Vater gezeigt und von dem hab' ich gelernt. Einfach durchs Zuschauen und Mithelfen", erzählt Gerhard Wimmer, der die Landwirtschaft gemeinsam mit seiner Frau Rosemarie im Nebenerwerb führt. Die Wimmers halten Milchschafe, züchten Bienen und produzieren Honig, das Wachsziehen macht der 54-Jährige „eher so nebenbei, als

Hobby. Und natürlich auch, damit das alte Handwerk nicht in Vergessenheit gerät."

Als es noch keinen Strom gab

Das Wachsziehen war früher, als es noch keinen Strom gab, weit verbreitet, allein in Waldhausen gab es Anfang des vorigen Jahrhunderts noch drei Wachszieher, die hat mein Vater alle noch gekannt", erzählt Gerhard Wimmer.

Viele Bauern haben sich früher etwas dazuverdient, manche haben Besen gebunden, andere Körbe geflochten oder Holzschuhe geschnitzt. Bei uns war's eben das Wachsziehen", erklärt Rosemarie Wimmer, die ihren Mann bei der Arbeit unterstützt.

Das Wachsziehen selbst war eine typische Winterarbeit, denn dafür musste es warm

Reines Bienenwachs aus der eigenen Imkerei

sein. „Und die Stube war ja früher oft der einzige beheizte Raum im Haus", sagt Rosemarie Wimmer. Man hat so Ende November, Anfang Dezember damit begonnen, um bis Lichtmess fertig zu werden. „Das ist der 2. Februar, da kamen dann die Leute – zu Fuß und nicht selten durch Eis und Schnee – und haben Kerzen fürs ganze Jahre gekauft. Die wurden dann anschließend in der Kirche geweiht."

Apropos Kirche: Dass die kleinen Wachsstöckerl viel genutzt wurden, das sehe man heute noch an den Brandflecken in den Kirchenstühlen. „Die Leute haben sie in die Messe mitgenommen, damit sie genug Licht hatten, um in ihren Betbüchern lesen zu können. Die kleinen Kerzen waren dafür perfekt: praktisch und leicht zu transportieren", erzählt Gerhard Wimmer.

Wunderbarer Duft und Wärme

Neben dem wunderbaren Geruch, den das warme Bienenwachs verströmt, genießt der Landwirt auch die Ruhe dabei, wie er erzählt. Die Arbeit selbst passiert noch auf denselben alten Werkzeugen, wie sie schon immer im Hause Wimmer verwendet wurden. Der Weg zu einer handgezogenen Kerze aus Bienenwachs ist langwierig und mühsam. Rund 30 Mal wird der Docht durch das heiße Wachs gezogen und dabei immer wieder auf eine Haspel, also ein großes Holzrad gewickelt, bis die Kerze die richtige Stärke hat. Dann dreht Gerhard Wimmer den Kerzenstrang händisch zu sogenannten Wachs-

Die Kerzenstränge werden zu Wachsstöckerln gedreht.

„Früher haben die Leute die kleinen Wachsstöckerl sogar in die Messe mitgenommen. Damit sie genug Licht gehabt haben, um ihre Betbücher lesen zu können. Die Brandflecken sieht man heute noch in den Kirchenbänken."

Gerhard Wimmer,
Wachszieher aus Waldhausen

stöckerln. Und die sind einzigartig – genau wie der letzte bäuerliche Wachszieher Österreichs.
www.wachszieher.at.

Den Docht zieht man immer wieder nach.

WIE ALLES BEGANN

Die Geschichte eines Handwerks

Mittelalter
Die Kirchen und Klöster waren im frühen Mittelalter die Hauptverbraucher von Wachskerzen und stellten sie auch zum größten Teil selbst her.

Generationen-Handwerk
Bei den Wimmers liegt das Wachsziehen in der Familie. Das Handwerk haben schon Gerhard Wimmers Großvater und auch sein Vater ausgeübt.

Ein aussterbender Beruf
Lebzelterei und Wachszieherei wurden traditionell gemeinsam ausgeübt, weil derselbe Rohstoff-Lieferant benötigt wurde: die Bienen – Honig für den Lebkuchen, Wachs für die Kerzen. Auf dem Papier betrachtet, ist der Wachszieher in Österreich längst ausgestorben. In Deutschland hingegen existiert noch die „Bayerische Wachszieher-Innung".

ZWISCHEN DEN JAHREN LIEGT ETWAS MYSTISCHES IN DER LUFT

In den Raunächten (21. Dezember bis 6. Jänner) duftet es in Vorderstoder am Ferienhof von Silke Antensteiner nach Beifuß, Thymian und Fichtenharz. Die ausgebildete Kräuterpädagogin lebt damit eine lange Tradition: das Räuchern.

Von Christina Tropper

> *„Zu den Grundkräutern beim Räuchern zählt jedenfalls der Beifuß, der leicht brennbar ist."*
>
> Silke Antensteiner,
> Kräuterpädagogin

Das mystische Ritual soll Glück und positive Energie im neuen Jahr verbreiten. Gerne gibt sie ihr Wissen weiter. „Ich bin eine echte Kräuterhexe", sagt Silke Antensteiner, lächelt dabei und zündet mit einem Holzspan getrocknete Kräuter aus dem hauseigenen Garten und der Natur in einer Räucherschale an. Sie sitzt dabei in der alten Bauernstube, trinkt einen Schluck vom selbst gepflückten Kräutertee und fügt hinzu: „Für mich ist das kein Schimpfwort, vielmehr eine Berufsbezeichnung." Überall am Hof sieht man große Glasgefäße mit getrockneten Blüten, Kräutern und Stauden. „Zu den Grundkräutern beim Räuchern zählt jedenfalls der Beifuß, der leicht brennbar ist. Auch Johanneskraut und Rosenblätter sowie Lavendel sind beliebte Räucher-Zutaten", erzählt Silke Antensteiner fachkundig und atmet tief ein. Die ganze Stube hat mittlerweile einen bitter-süßen und zugleich schweren Duft. Fast meditativ steigen blaugraue Rauchschwaden auf und tänzeln zur rustikalen Holzdecke hinauf. Man inhaliert die Kräuter förmlich.

Bereits die Kelten räucherten mit Beifuß. Damals war man der Meinung, so böse Geister vertreiben zu können. Wem das nun zu wenig wissenschaftlich erscheint, dem sei an dieser Stelle gesagt: Die feinen Räucher-Düfte können nachweislich die Stimmung bessern und zaubern weihnachtliche Atmosphäre ins ganze Haus. Denn: Räucherrituale wirken nicht allein über den Geruchssinn auf das Wohlbefinden, sondern über das limbische System, in dem das Ge-

Kräuter aus dem eigenen Garten, die in den Raunächten ihren Duft verbreiten

Silke Antensteiner, die Kräuterpädagogin ...

ten und Blätter und stellt daraus auch Liköre oder Lippenbalsame her.

Als spiritueller Mensch schöpft Silke Antensteiner aber natürlich nicht nur Kraft aus den Kräutern, sondern vor allem aus der Natur rund um sie herum. Wenn die Zeit es erlaubt, verbringt sie gerne ihre Nachmittage am Pießling-Ursprung, an einer der größten Karstquellen Europas, und lauscht dem Getöse der mächtigen Wassermassen. Oder sie lässt ihre Gedanken beim Stoderer Weitblick in die Ferne schweifen.

hirn Emotionen und Sinnesreize verarbeitet, sogar auf das Langzeitgedächtnis. Durch das Verbrennen gelangen die Wirkstoffe der Pflanzen aber auch in die Luft, werden eingeatmet und kommen somit in den Blutkreislauf. Laut Überlieferung ist das Lüften im Anschluss an eine Räucher-Zeremonie besonders wichtig, damit auch symbolisch das Negative das Haus verlässt.

Silke Antensteiner ist gebürtige Linzerin und hat einige Zeit in Salzburg gelebt. Die Bäuerin und Mutter dreier erwachsener Kinder hat die Liebe zur Landwirtschaft aber relativ bald entdeckt. Das schätzen die Gäste. Denn neben Milchwirtschaft, Lämmerzucht und Almwirtschaft bietet Antensteiner auch Urlaub am Bauernhof an und weiht ihre Besucher bei speziellen Kräuterwochenenden in die Kräuterkunde ein, mit Blick auf das Tote Gebirge, versteht sich. Dann gibt es hausgemachten Lindenblütensaft und natürlich Kräuterweckerl mit selbst gemachter Kräuterbutter. Die Landwirtin wandert mit ihren Gästen durch die Natur, sammelt Blü-

ANLEITUNG

Räuchern

Man braucht:
Räucherpfandl (kann auch ein altes Metallpfännchen sein); Räucherkohle; frische oder getrocknete Kräuter nach Lust und Laune, auch Tannenreisig; eventuell Harze

Räucherkohle anzünden. Sobald die Glut gut glimmt, Kräuter, Tannennadeln oder Harze darauflegen, bis ein fein duftender Rauch aufsteigt. Anschließend von Raum zu Raum gehen und den Rauch in alle Räume einziehen lassen.

Auf Höfen werden auch die Ställe geräuchert. Wichtig ist, nach dem Räuchern die Fenster zu öffnen, damit Rauch und böse Geister Haus und Hof verlassen.

DATEN UND FAKTEN

Die Raunächte

Vermutlich gehen die Raunächte auf den germanischen Mondkalender zurück. Denn ein Mondjahr umfasst 354 Tage, unser Sonnenjahr besteht aber aus 365/366 Tagen. So ergibt sich eine Differenz von 11 bzw. 12 Tagen. Je nach Region unterscheidet sich die Anzahl der Raunächte.

Diese besonderen Tage werden „die Nächte zwischen den Jahren" genannt und einem Mythos zufolge sind an diesen Tagen die Kräfte der Natur außer Kraft gesetzt und die Tore zu einer anderen Welt stehen offen.

Die vier wichtigsten Raunächte:
Die Nacht vom **21. auf den 22. Dezember.** Sie wird auch Thomasnacht genannt.
Der Heilige Abend vom **24. auf den 25. Dezember.**
Die Neujahrsnacht vom **31. Dezember auf den 1. Jänner.**
Die Nacht vom **5. auf den 6. Jänner.**

In diesen vier Raunächten werden Haus und Hof geräuchert, um Schutz für die darin lebenden Menschen und Tiere zu bringen.

WIRKSAMKEIT

In der Kräuterschale

Beifuß
wirkt anregend, reinigend und soll Schutz geben.

Johanniskraut & Königskerze
sind stimmungsaufhellend.

Thymian
ist gut für Atemwege und Nerven.

Rosenblätter
stärken die Herzenskraft.

Wacholder
desinfiziert und wirkt aufbauend, heilend und reinigend.

Lavendel
reinigt, desinfiziert und beruhigt.

Baldrianwurzel
schafft Harmonie und beruhigt.

... und „Kräuterhexe", wie sie sagt

DIE KRIPPENBAUMEISTERIN AUS DEM SALZKAMMERGUT

Am Fuß des Dachsteins ist das Bauen von Weihnachtskrippen eher Männersache. Traudi Glas (59) aus Bad Goisern ist das egal. Die Krippenbauerin gibt ihr Können mittlerweile sogar in Kursen weiter.

Von Edmund Brandner

Es sind die Details, auf die es ankommt. Der vom Schneedruck vieler Winter verzogene Dachstuhl zum Beispiel. Oder die auf der Schattenseite verwitterte Fassade. „Auch an den Proportionen kann man erkennen, ob jemand sein Handwerk versteht", sagt Traudi Glas. Die Größe der Figuren sollte zur Architektur passen. Figuren dürfen unterschiedlich groß sein, aber nur, wenn dadurch räumliche Tiefe erzeugt werden soll.

Dabei ist die 59-jährige Goiserin gar keine Freundin strikter Regeln. „Das Schöne an der Krippenkultur ist ja ihre Vielfalt", sagt sie. Es gibt orientalische Krippen und alpine Krippen, und Menschen, die in der Werkstatt von Traudi Glas lernen, Krippen zu bauen, bringen oft ausgefallene Ideen mit.

Einer baute sich tatsächlich eine Krippe, deren Personal ausschließlich aus knallbunten Quietschenten bestand. „Meine Vorstellung von Krippe war das nicht", sagt Glas. „Aber ich muss zugeben, dass das Ergebnis auch seinen Reiz hatte."

Kurs auf Jahre ausgebucht

In ihrem Berufsleben leitet Glas die Lohnverrechnung eines großen Goiserer Baukonzerns. Die Sozialdemokratin ist auch Vizebürgermeisterin der Marktgemeinde Bad Goisern. Und sie ist eine der ganz wenigen Frauen, die eine Krippenbaumeister-Ausbildung absolvierten. 1996 machte sie ihre Meisterprüfung in Tirol, ein Jahr später baute sie gemeinsam mit ihrem Vater und ihren Geschwistern eine große Landschaftskrip-

Die Krippenbaukurse von Traudi Glas sind lange im Voraus ausgebucht.

pe in der elterlichen Garage. 1999 gründete sie schließlich mit Gleichgesinnten den Kripperlverein Bad Goisern. Der hat mittlerweile 65 Mitglieder (allesamt Krippenbesitzer), darunter auch Goiserns katholischer Pfarrer Johann Hammerl.

Viele Vereinsmitglieder haben ihre Krippen in der Werkstatt von Glas gebaut. Denn sie gibt jeden Herbst einen Krippenbaukurs. Maximal elf Teilnehmer haben in der Werkstatt neben ihrem Haus Platz, der Kurs ist deshalb bereits drei Jahre im Voraus ausgebucht. Hoch über Bad Goisern, auf 769 Metern Seehöhe, wird an dunklen Abenden gesägt, geschraubt, genagelt, verleimt, gemalt – und dabei natürlich viel geplaudert. Wobei Krippenbauen in Wahrheit eine

> *„Kein Mensch würde eine Krippe verkaufen. Du verschenkst sie höchstens. Aber eigentlich gibt man sie an die Kinder weiter."*
>
> *Traudi Glas, Krippenbaumeisterin in Bad Goisern*

Ganzjahresbeschäftigung ist. Traudi Glas und ihr Ehemann Karl (62) unternehmen kaum einen Spaziergang, bei dem die beiden nicht Rindenstücke, Samen, Steine oder andere Dinge mitbringen, die das Potenzial haben, Teil eines Miniatur-Bethlehems zu werden.

Die Krippe – nicht nur eine Momentaufnahme der Geburtsstätte Christi

Traudi Glas vor einer ihrer Krippen

Momentaufnahme aus der Bibel

„Das Schöne am Krippenbauen ist, dass du eine kleine geschlossene Welt aufbaust, in die du versinken kannst", meint die Goiserer Konsulentin für Volkskultur. „Du erschaffst eine Momentaufnahme von der Geburtsstätte Christi, du hältst eine der berühmtesten Szenen aus der Bibel fest."

Aus der Sicht von Traudi Glas hat die Krippenkultur ebenso eine religiöse Bedeutung wie eine kulturelle. Deshalb mag sie es gar nicht, wenn man die Krippenkultur in einen Topf mit Modelleisenbahnen wirft. Ebenso wenig denkbar ist es für sie, Krippen zu verkaufen. „Eine Krippe kannst du höchstens verschenken", sagt sie. „Aber eigentlich gibt man sie an seine Kinder weiter."

Was das betrifft, hat das Ehepaar Glas einiges zum Weiterreichen an die nächste Generation: Mehr als 20 fertige Krippen gibt es im Haus, acht davon sind fix verbaut und das ganze Jahr über in speziellen Mauernischen zu bewundern. Darunter auch atemberaubende Diorama-Krippen mit spektakulären räumlichen Effekten und Ausleuchtungen.

Traditionsgemäß werden Krippen allerdings um Mariä Empfängnis herum aufgebaut, am Weihnachtsabend um das Jesuskind bereichert, am 6. Jänner um die Heiligen Drei Könige, und zu Lichtmess werden die Krippen dann wieder abgebaut.

WIE ALLES BEGANN

Krippenkultur im Salzkammergut

Historiker gehen davon aus, dass die Krippenkultur von Italien aus in den alpinen Raum gelangte. Wobei die Darstellungen anfangs orientalisch waren. Die typische Salzkammergut-Krippenkultur erblühte im späten 18. Jahrhundert. Bis dahin wurden große Krippen in Kirchen aufgebaut und waren Schauplatz barocker Feste. Als Kaiser Joseph II. die Krippen deshalb 1785 aus Kirchen verbannte, errichteten die Menschen große Bethlehem-Darstellungen in ihren eigenen vier Wänden. Und ließen dabei die eigene Kultur einfließen. So kommt es, dass in den großen Landschaftskrippen alte, vergessene Handwerksberufe aus dem Salzkammergut dargestellt sind.
Das Zentrum der Salzkammergut-Krippenkultur ist aber nicht die Welterberegion, wo der Protestantismus eine starke Rolle spielt, sondern Ebensee mit seinen rund 400 Großkrippen.
Die Salzkammergut-Krippenkultur wurde 2015 zum UNESCO-Kulturerbe erklärt.

DIE EXPLOSION
AM GAUMEN

Oberösterreich ist ein Mekka der Schnapsbrenner. Die Qualität der Edelbrände ist seit den 1990er-Jahren enorm gestiegen. Und ja, über Schnaps und die Trinkweise lässt sich ausgiebig philoso-phieren!

Von Alexander Zens

Apfel, Birne, Zwetschke, Marille, oder doch Kriecherl, Vogelbeere, Schlehdorn, Zirbenzapfen, Zirbenholz? Es gibt so gut wie nichts, das nicht gebrannt werden kann: von der geläufigen Williamsbirne bis zur eher unbekannten Mispel. „Ich habe heuer erstmals Karotte gebrannt – schmeckt sehr gut", sagt Rosi Huber. Sie ist Schnapsbrennerin in Weyregg, bekannt als „D'Brennerin".

Erst vor 18 Jahren hat sie mit dem kleinen alten Kessel der Oma begonnen – „mit null Ahnung", dafür mit viel Leidenschaft. Mittlerweile hat Huber beim internationalen Wettbewerb Destillata zwei „Edelbrände des Jahres" geschafft. Und Falstaff hat ihrem „Gin Rose" 93 Punkte gegeben, was international Platz zwei bedeutete. Seit 2013 arbeitet Huber mit einer modernen 80-Liter-Brennanlage – Kostenpunkt rund 20.000 Euro.

Rosi Huber verkostet ihren Edelbrand.

> *„Ich freue mich so, dass heute viele Leute auf Qualität achten. Man trinkt vielleicht weniger, aber das soll gut sein."*
>
> *Rosi Huber, „D'Brennerin"*

Solche Erfolgsgeschichten gibt es in Oberösterreich viele. Kaum sonst wo auf der Welt ist die Dichte an ausgezeichneten Schnapsbrennern derart groß.

Wobei die Berufsbezeichnung nicht mehr ganz zutrifft. Anfang der 1990er-Jahre kam die Wende. Es bildete sich eine Gruppe von engagierten Landwirten mit dem Ziel, die Qualität der Brände zu heben und das einst verruchte Image des Getränks zu verbessern: weniger Korn und Most in Massen brennen, sondern mehr Passion für die Frucht zeigen. Aus dem Schnaps wurde der Edelbrand.

Die Qualitätsbrenner erzeugen Qualitätsbrände. So dürfen nur jene Schnäpse genannt werden, die zu 100 Prozent aus jener Frucht bestehen, deren Namen sie tragen. Mit Industriealkohol versetzte Schnäpse sind hier passé. Der Wandel ist Pionieren wie Schosser, Reisetbauer, Parzmair, Wurm, Hochmair oder Hirschvogel zu verdanken.

Das weiß Rosi Huber: „Wir Jungen versuchen, das Level hochzuhalten und weiterzuentwickeln." Das tut sie auch im Vorstand des Verbands der Edelbrand-Sommeliers Oberösterreich – gemeinsam mit Peter Scalet aus Neusserling, Georg Schneider aus Lichtenberg, Peter Affenzeller aus Alberndorf und Regina Priglinger-Simader aus Waxenberg. Frauen in der Betriebsleitung gibt es in diesem Metier nicht so oft, mit Huber und Priglinger-Simader kommt zusätzlicher Schwung.

Edler Schnaps schmeckt vielen als Dessert, aber die Theorie vom Verdauungsschnapserl kann Huber nicht nachvollziehen: „Da betäubt man die Magennerven etwas. Eigentlich sollte man ihn vor dem Essen trinken, da regt man die Verdauung an." Als Aperitif also.

Aus rund 10.000 Litern Obst hat Huber in ihrer Schnapsbrennerei direkt am Ufer des

Attersees im Jahr wieder an die 300 Liter reinen Alkohol und etwa 600 Liter Qualitätsbrände hergestellt. Denn ein Schnaps habe idealerweise 40 bis 42 Prozent Alkoholgehalt, sagt sie: „Da ist das Aroma am besten." Aber brennt er einigen Leuten nicht zu viel? „Wenn der Schnaps fehlerfrei gebrannt worden ist, brennt er nicht", sagt Huber: „Es ist eine Explosion am Gaumen." Ob man sich das Hochprozentige ex oder in kleinen Schlucken gönnt, tue nichts zur Sache: „Aber man trinkt schon gerade runter." Es ist eben kein Wein. Was den Schnaps mit dem Wein verbindet, ist die lange Haltbarkeit. „Ein gut gemachter Brand schmeckt ganz jung, aber auch nach etlichen Jahren gut", sagt Huber, die im früheren Stall des ehemaligen Schlosses Weyregg wohnt und Ferienwohnungen vermietet.

Schnapsbrennen ist viel Arbeit, vor allem von Juli bis Dezember – von der Obsternte (wobei Huber auch Früchte von anderen

Verdampfen und verflüssigen – aus Maische wird Alkohol.

Kostbarer hochprozentiger Trank

ZAHLEN & FAKTEN

Schnapsbrennen

Abfindung

Rund 50.000 Abfindungsbrenner gibt es in Österreich – 40.000 bäuerliche Betriebe und 10.000 Privatpersonen. Sie dürfen grundsätzlich nur Obst und Getreide, das ihnen gehört, zu Schnaps verarbeiten und bis zu 200 Liter reinen Alkohol im Jahr herstellen. Ein gewisser Teil ist Freibrand, und es gibt ermäßigte Steuersätze. Verkauft werden darf an Endverbraucher oder Gastronomie in Kleinmengen. Gezahlt wird die Steuer vor dem Brennen. Aus der Menge an Maische wird der Alkoholausstoß abgeleitet.

Maria Theresia

Manche Höfe, die unter Abfindung brennen, können sich auf ein verbrieftes Recht von Kaiserin Maria Theresia berufen und bis zu 400 Liter brennen beziehungsweise auch Rohstoffe zukaufen.

Verschluss

Wer mehr als 400 Liter produziert, ist ein Verschlussbrenner. Es gibt etwa 150 dieser Profi-Betriebe in Österreich, die auch den Handel beliefern dürfen. Bei ihnen ist ein Messgerät an der Brennanlage angebracht. Jeder Tropfen Alkohol wird aufgezeichnet. Der volle Steuersatz wird fällig.

Betrieben bezieht, selbst hat sie Zwetschkenbäume), über das Einmaischen, die Gärung (bei Hubers Maische bis zu zwei Wochen), das Brennen, Abfüllen bis zum Etikettieren und Verkaufen. Das Geschäft mit ihren Kunden (Touristen, Wirte, Privatpersonen) laufe sehr gut, sagt die geschiedene 57-Jährige, die sich bei der Arbeit manchmal von ihren beiden Söhnen und einem Bekannten helfen lässt.

Und was macht einen guten Brenner aus? Gewissenhaftigkeit, Genauigkeit, „man muss eine gute Nase haben, wenn es darum geht, den trinkbaren Mittellauf vom Vor- und Nachlauf zu trennen", sagt Huber. Erfahrung ist wichtig. Und je süßer die Früchte, desto besser. Je mehr Zucker, desto mehr Alkohol lässt sich gewinnen.

RÜHREN, SCHLEIFEN, AUSZIEHEN, BACKEN ... BAUERNKRAPFEN

Bauernkrapfen pikant oder süß, mit oder ohne Rosinen – über Geschmack lässt sich vortrefflich streiten. Nur eines steht außer Streit: die Liebesbrief-Norm.

Von Manfred Wolf

Oh du Bauernkrapfen! So wohlig rund, so süß du bist / dein brauner Teint ist deine List / Mit deinem Duft mich ewig lockst / selbst wenn du sauer bist, gar sitzenbleibst und bockst / Vollmundig gestehe ich dir mein Begehr / weshalb ich dich verzehr!

Was ein Liebesbrief mit Bauernkrapfen zu tun hat? Jede Menge. Denn einst, als die alten Bäuerinnen die jungen beim Krapfenausziehen anlernten, mussten diese stets auf eines achten: Das „Griaberl" in der Mitte musste so dünn sein, dass sie einen Liebesbrief durch den Teig durch lesen konnten, dieser durfte dabei aber nicht reißen. Qualitätsmanagement by Oma sozusagen.

Freilich, für Qualitätskontrollen dieser Art ist in der Bauernkrapfenschleiferei in Tragwein im Mühlviertel keine Zeit. Zu schnell geht

Schwimmend gebackene Krapfen

„*Wird der Krapfen nicht ordentlich geschleift, dann wird er später nicht schön rund, sondern zupfig.*"

Birgit Bauer, Junior-Chefin der Bauernkrapfen-Schleiferei

es hier und zu viele Krapfen werden Tag für Tag geschliffen – bis zu 4.000 Stück. Da bleibt das Dichten und Lesen zwangsläufig auf der Strecke. Einerlei, denn mit entsprechender Übung und Liebe fürs Handwerk wird die richtige Norm auch ohne Liebesbrief eingehalten.

Gewiss ist, dass der Bauernkrapfen eine der beliebtesten Mehlspeisen des Landes ist. Selbst wenn die Frage „mit oder ohne Rosinen" mittlerweile in den Hintergrund gerückt ist. „Süß oder pikant?", heißt es nun. Denn die Fladen schmecken auch sauer. Davon konnten wir uns bei Rosi Lichtenegger und ihrer Tochter Birgit Bauer in Hinterberg, Tragwein, überzeugen. Mit Käse und Speck überbacken, gefüllt mit Chili oder einfach nur mit Sauerkraut, das Schmalzgebäck ist ein kulinarischer Tausendsassa und war über Jahrzehnte aus dem traditionellen Bauernleben nicht wegzudenken. Kein Kirtag, kein Markt ohne Bauernkrapfen.

Was bitte, wird hier geschliffen?

Was haben nun Bauernkrapfen eigentlich mit Schleifen zu tun? Vorweg: Die Messer können Sie bei einem Besuch in der Bauernkrapfenschleiferei zu Hause lassen,

41

das sei an dieser Stelle nur erwähnt, weil es schon vorgekommen ist, dass Kunden mit stumpfen Messern vor dem Bio-Hof in Tragwein gestanden sind.

Einen manuellen, letzten „Schliff" erhält hier dennoch jeder Krapfen, das erklärt uns Birgit Bauer, die dafür ihr einen Monat altes Töchterchen Opa Christian gibt, der es sanft an seine starke Schulter legt.

Nachdem der Teig in lediglich 15 Sekunden in einem Teig-Cutter angerührt wurde und danach gerastet hat, klatscht Birgit einen 100 Gramm schweren Teigling auf die Arbeitsfläche und greift mit der Hand ins Mehl. Auf der Arbeitsfläche selbst sollte kein Mehl sein, ansonsten „pickt" der Teigling nicht. Doch genau darauf kommt es an. Denn nur deshalb wird durch flinkes

Drehen – „Schleifen" – eine gleichmäßige Kugel ohne Wulst. Danach rastet der Teig erneut, bevor er „ausgezogen" wird – ohne Liebesbrief, aber mit viel Gefühl. Mit drei Fingern jeder Hand wird die ausgeruhte Kugel flugs in seine typische Form gezogen und gedreht und kommt dann direkt ins heiße Fett. Hier schwimmt der Fladen auf jeder Seite für rund eineinhalb Minuten und wird mit heißem Fett übergossen, wodurch er gleichmäßig aufgeht und sein schönes, weißes „Randl" erhält. Herausgefischt, abgetropft und abgeschlossen ist die Bauernkrapfenmetamorphose.

Bauchgefühl und Mut

Die starken Schultern hat der Opa übrigens, weil er es war, der, bevor es den Cutter gab, den Teig mit den Händen abzurühren hatte – ein gutes Training ...

Rühren, schleifen, ausziehen und dann backen – den Krapfen

Die Bäckerinnen Birgit (li.) und Rosi

Freilich ginge auch das „Schleifen" maschinell. Doch dann müsste Rosi ihr beliebtes Rezept abändern, denn ihr Teig ist zu „pickig" und kann daher nur manuell geschliffen werden. Würde sie das ändern, dann wäre aber nicht nur der Geschmack anders, sondern ihr Konzept obsolet. Denn das beruht auch darauf, dass es den Besuchern des Cafés einen Blick durch eine Glasfront in die Produktion und das „Schleifen" gewährt. An die interessierten Blicke haben sich die 16 Mitarbeiterinnen, die abwechselnd hier arbeiten, längst gewöhnt.

Gastronomie und Skihütten sind wichtige Abnehmer der Bauernkrapfen. Geliefert wird bis ins letzte Eck Österreichs. Rosis und Birgits Mut, 2016 in Hinterberg einen Zubau mit Schaubäckerei und Kaffeehaus zu errichten, wo weit und breit keine Laufkundschaft zu erwarten ist, hat sich, dank der vielen Busgruppen, bezahlt gemacht. Sie hat sich damals auf ihr Bauchgefühl verlassen. Zu Recht, denn Liebesbriefe hin oder her, das wusste schon die Oma: Liebe (zum Bauernkrapfen) geht immer noch durch den Magen.

Übrigens: Traditionell sind die Bauernkrapfen ohne Rosinen, wer darauf nicht verzichten mag, der bekommt hier zum Krapfen aber Rosinen-Apfelstrudelmarmelade.

WIE ALLES BEGANN

Von der Polizeiküche zur Krapfenschleiferin

Rosi Lichtenegger war Köchin in der Polizeikantine in Linz, während der Schwangerschaft zu ihrem dritten Kind Birgit drohte ihr aber die Decke auf den Kopf zu fallen. Um dem entgegenzusteuern, besuchte sie bei den Ortsbäuerinnen das Seminar „Bauernkrapfen schleifen". Im selben Jahr buk sie bereits auf dem Weihnachtsmarkt – das war vor fast 30 Jahren. Ab der Jahrtausendwende versorgte sie auf Anraten ihres Bruders, der im Vertrieb tätig ist, die regionalen Gasthäuser. Vier Jahre später hatte sie ihre erste Angestellte. 2014 war dann das entscheidende Jahr, nach einem Bandscheibenvorfall stellte sich heraus, dass ihr „Ersatz", nämlich Tochter Birgit, ebenfalls Feuer gefangen hatte. Es fiel in der Familie der Entschluss, einen Schaubetrieb mit Kaffeehaus zu bauen, der 2016 eröffnet wurde. Und die gesamte Familie hilft tatkräftig mit. Ihr Rezept verrät Rosi – bei aller Offenheit – allerdings nicht.

www.bauernkrapfen-schleiferei.at

DAS WEISSE GOLD AUS DEM INNVIERTEL

Als deftiger Kübelspeck haftete ihm der Ruf des Arme-Leut'-Essens an. Als blütenweißer Surspeck, der auf der Zunge zergeht, hat sich die Innviertler Spezialität längst zur Delikatesse gemausert.

Von Bernhard Lichtenberger

Ein fetter Rücken kann auch entzücken – vor allem dann, wenn er zu einer Specksau gehört, der es im Stall von Brigitte und Franz Jenichl in der Altheimer Ortschaft Wagham an nichts fehlt. Was aus Sicht des Borstenviehs bedeutet, dass es 24 Stunden täglich fressen und trinken darf. Und es ist der Rücken, aus dem die Bauern das weiße Gold des Innviertels schürfen, das in überlieferter Manier veredelt wird.

In einem literarischen Werk aus dem Jahre 1807 als „Hauptleckerbissen" des Innviertels vermerkt, war das Salzen oder Suren von Fleisch seit Urzeiten tradiertes Verfahren, um Fleisch haltbar zu machen. Früher tat man das in hölzernen Kübeln, woher auch der Name Kübelspeck rührt. Bei den

wenig betuchten Bauern speiste man dereinst die Knechte und Arbeitsbediensteten mit der fettreichen, nahrhaften, billigen Kost ab. Dafür gab sie den hart schuftenden Menschen Kraft. Magere Zeiten durchlebte der Surspeck im letzten Viertel des 20. Jahrhunderts, da feiste Schweine als „ungesund" gebrandmarkt wurden.

Tadelloser Ruf

Längst genießt die blütenweiße Versuchung wieder einen tadellosen Ruf, was bemühten Metzgern und Bauern wie den Jenichls geschuldet ist. Brigitte und Franz haben etwa 80 bis 90 Sauen auf einem Strohbett eingestellt. Schwäbisch-Hällische, Turopolje und Duroc sind die bevorzugten Rassen. Als zehn bis zwölf Wochen alte, 25 bis 30 Kilo

Franz Jenichl bei seinen auf Stroh gebetteten Specksauen

Franz Jenichls glückliche Schweine dürfen sich rund um die Uhr frei bewegen.

schwere Fackl (Ferkel) kommen sie auf den Hof.

350 bis 400 Kilo bringen die grunzenden Bröckerl nach eineinhalb Jahren auf die Waage. Dann geht es ohne Transportstress in den hauseigenen Schlachtraum. „Einen Stress håm nur mia, wånn de Specksau net måg, weu die sitzt se dånn auf deine Oberschenkel und is sturer wia a Esel", sagt Brigitte Jenichl.

Der Speck ist noch warm, wenn er von der eben entleibten Sau geschnitten und entschwartet wird. „Im Schnitt schau'n då 110, 120 Kilo aussa. Oamoi wårn's sogår 150 Kilo, bis zu 15 Zentimeter dick, åber des is extrem", sagt Franz Jenichl. Die Stücke werden in grobes Salz und Knoblauch eingelegt, in eine Kunststoffkiste gedrückt, mit Platte und Deckel beschwert. „Nur wånn a wårm

und weich is, kånn i eahm schön zsåmmenpressn", so der Landwirt. Sechs Monate darf der Speck in der Sur reifen.

Genuss im Knödelbrotteig

Dem weißen Gold verfällt der Gaumen in vielfältiger Form. „A Schwårzbrot mit an Surspeck, an frischn Schnittlauch und a weng an Pfeffer – jå, wås glaubst denn, es gibt jå fåst nix Bessers net", sagt Franz. Die butterweiche Köstlichkeit zergeht auf der Zunge. In Nudeltaschen passen Surspeck und Bärlauch, leicht angebraten verfeinert die Spezialität den Salat. Und an den gerühmten Innviertler Surspeckknödeln mag ohnehin kein Genießer vorbei: Die Gabel durchdringt den dünnwandigen Knödelbrotteig, der die feinwürfelig geschnittene, glänzende Fülle umhüllt – dazu ein herzhaftes Sauerkraut, einfach perfekt! Außerdem wird behauptet, dass Surspeckgrammeln vorzüglich mit 70-prozentiger Schokolade harmonieren, die der Meggenhofener Chocolatier Martin Mayer in Tafeln zusammenführt.

Der einst verbreiteten Gleichung „fett = ungesund" können die Jenichls nichts abgewinnen. „Da Surspeck håt Omega-3-Fette wia da Fisch und is sehr magenverträglich", sagt Franz. Und Brigitte wirft ein: „Du isst ja koa Kilo net."

Auf die Sau, die heute sein Glück bedeutet, kam das Paar erst mit der Zeit. Den Hof hatten die Jenichls als kleinen Kuhbetrieb übernommen. Zum Leben ging sich das nicht aus. Brigitte war Billa-Verkäuferin, Franz Fernfahrer. Eines Tages schuf man sich zwei Fackl an, dann vier, dann acht, und so fort, um sie nur mit dem zu füttern, was man selbst auf zehn Hektar anbaut: Gerste, Weizen und Triticale, ein Kornableger, der das Wachstum bremst – womit ein normaler Mastbetrieb wenig Freude hätte.

In der Mostschank mit Salettl weihen die Jenichsl bei drei Stunden währenden Workshops Besucher in die Kunst des Knödeldrehens ein. Dabei werden Betriebsbesichtigung, Verkostung im Hofladen, Mittagessen, Most, Saft und Wasser geboten. Wobei der Umgang mit dem Knödelbrotteig für die Laien kein leichter ist. „Zwoa Drittel vo de Knödel gangatn im Wåsser auf, tätn mia net nåchdrahn", sagt Franz Jenichl. Seine geschulten Kräfte drehen bis zu 2.500 Knödel an einem Vormittag, „ålles händisch".

> *„A Schwårzbrot mit an Surspeck, an frischn Schnittlauch und a weng an Pfeffer – jå, wås glaubst denn, es gibt jå fåst nix Bessers net."*
>
> — *Franz Jenichl, Bauer in Wagham*

Die Familie Jenichl entzückt natürlich nicht nur der Rücken der Sau. Alles wird verarbeitet, von der Leber bis zum Schopf, von den Ripperln bis zum Lungenbraten. „Des Specksaufleisch is super ausg'reift", sagt Brigitte, „des brauchst fåst net mehr mariniern", ergänzt Franz.

Den Ludwig, der hinter der Mostschank auf Stroh vor sich hin döst, rührt das alles nicht. Das Mini-Schwein, das der Franz zu seinem 50er geschenkt bekam, darf einmal an Altersschwäche sterben.

Brotbelag oder Surspeckknödel – ein Genuss

LANDL-G'SCHICHTN VAN DICHTN

Als einziges Bundesland hat Oberösterreich eine Hymne mit Dialekttext – nur ein Indiz dafür, dass die Mundartdichtung bei uns tief verwurzelt ist.

Von Klaus Huber

In Wirtshaus sitzn, Leut ausrichtn / Und dáhoam aft Tánzl dichtn / Und zun Arbátn koa Zeit – / Fránzl, herst, da bringst ös weit!

Ein leichtlebiger Hallodri, redegewandt und unterhaltsam – dieses Bild zeichnet **Franz Hönig** (1867–1937) vom typischen Mundartdichter, wie wir Oberösterreicher ihn schätzen. Dabei trieft dieser Vierzeiler vor Selbstironie, gehörte doch der Autor selbst zu dieser Spezies sprachbegabter Landsleute. „I bin koan Wald- und Bleamáldichter, mein Fall san d'Leut und eahni G'sichter", lautete das Motto dieses beliebten Volkskünstlers und Bürgermeisters von Kremsmünster.

Deshalb mag Oberösterreich seine Mundartdichter. Sie drücken in der Muttersprache aus, was uns bewegt und mitreißt, was uns wichtig ist und Freude bereitet. Dafür eignet sich die Mundart bei Weitem besser als geschliffenes Hochdeutsch, vieles lässt sich nur in der Mundart so emotional ausdrücken, wie wir es empfinden.

Der große Aufschwung der oberösterreichischen Mundartliteratur setzte im 19. Jahrhundert ein. Die „Lieder in obderenns'scher Mundart" des Innviertlers **Franz Stelzhamer** (1802–1874) begeistern Leser und Zuhörer von Wien bis München. Der „Franz von Piesenham" trifft mit seinem reichen Wortschatz immer genau den Nerv, sprachgewaltig drückt er Emotionen aus, den Rhythmus hat er im Blut. Zu seinen bekanntesten Gedichten zählen „Mein Müaderl" und „'s Haimátgsang" (seit 1952 Oberösterreichs Landeshymne „Hoamatland"), das schönste

ist wohl „Dá blüaháde Kerschbám": *Allwei kreuzlusti Und trauri gar nia, I steh da wiar à Kerschbám In ewigá Blüah.*

Ein beliebter Zeitgenosse Stelzhamers, **Anton Schosser** (1801–1849) aus Losenstein, Schöpfer des Erzherzog-Johann-Jodlers, schildert den Alltag der kleinen Leute und ihre teils aufrührerischen Gedanken wie im „1847er Mostjahr": Schosser spricht viele Missstände an, versteht es jedoch, alles mit einem Schmunzeln abzurunden: *O Herr, das sánd Zeiten, was stölln wir no an! / Koan Geld untern Leut'n, schlecht gnur sán má d'ran. / Von Weilischland lest má in Zeitungen viel, / da geht's nid recht richti hiarz zua! / Sánd all in der Heh, haben koan Maß und koan Ziel, / sie gebn schon á Zeit her koan Ruah! / Sie wern halt koan Most haben, sonst könnts gar nid seyn, / so á dámische Gschicht fallt koan Mosttrinká ein.*

Minnesänger Dietmar von Aist aus OÖ

Selbstsicher gibt sich der Putzleinsdorfer Dechant **Norbert Hanrieder** (1842–1913) im Namen der Mühlviertler. Er kehrt nie den G'studiertn hervor und kommt damit gut an bei seinem Pfarrvölkchen. Er raucht Virginia, kartelt im Wirtshaus, spielt Gitarre und schreibt Liebesgedichte – auch auf diesem Gebiet kennt er sich aus. Zutiefst Menschlichem widmet er sich mit Vergnügen: *Zwee Buam liabm oa Mesch, hat án iadá bráv Geld, / á Haus und án Hof, dáß si rundum nix fehlt. / Den wöllan solls nehmá? / Dös Ding fallt ihr schwár! / Gern náhms alli zwee, / wanns net unchristli wár.*

Nicht jeder erfolgreiche Mundartdichter ist also ein „einfacher Mann aus dem Volk", auch mit akademischen Würden Ausgezeichnete schätzen die Mundart. Mit Innviertler Sprach' im historischen Hexameter-Versmaß macht **Gottfried Glechner** (1916–2004) aus Gurten Furore. Sein „Bairischer Odysseus" und eine Nachdichtung des mittelalterlichen „Meier Helmbrecht"-Epos heben die Mundartdichtung auf bisher nicht gekanntes Niveau.

Ihm am nächsten kommt ausgerechnet einer seiner Verwandten aus der großen Glechner-Sippe, **Karl Pumberger-Kasper** (geb. 1957), Ex-Bürgermeister von Gurten. Auch seine langen, lustvoll ausgebreiteten Geschichten, gespickt mit urigen, alten Mundartausdrücken, garantieren Publikumserfolge. Zwischendurch streut Pumberger gerne kurze Gedichte ein, die ihn als Mitglied der Stelzhamerbund-Gruppe „neue mundart" zeigen: *Er is ihr oiwei treu gwön dö letzt dreißg Jahr aber wiara wegn den neichn Knia auf Reha gwön is is a ihr ausghatscht.*

Die jungen Autoren der Gruppe verblüffen mit Gedichten, die Althergebrachtes konsequent meiden: brandaktuelle Themen ohne Reim, ohne Strophenform, ohne Verskorsett. Geleitet wird die Gruppe von **Engelbert Lasinger** (geb. 1960) aus Kaltenberg. Er träumt von einem besonderen Weihnachts-

Oberösterreich mag seine Mundartdichter, weil sie ausdrücken, was sie bewegt.

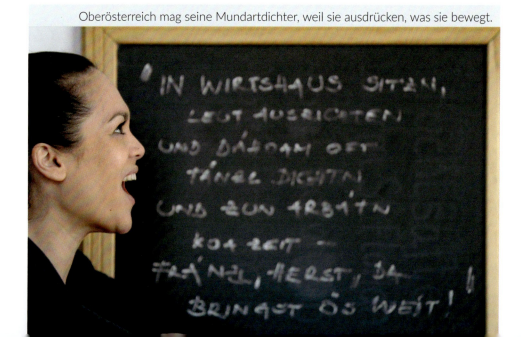

geschenk: *Waun ma 's Leichtn va Kindaaugn za Weihnochtn einfaunga, einpocka, aufhebm, vüspäda amoi untan Christbam legn und dort wieder auspocka kunnt – i moa, des waa des schenste Weihnochtsgschenk.*

Eine extreme Spielart ist es, komplexe Inhalte aphoristisch auf ein Minimum zusammenzupressen. So schreibt **Leopold Schöllhuber** (geb.1963) aus Wilhering zum Thema Wahl: *In der Diktatur kannst dirs net aussuachn, wer di anliagt. / Bei uns scho.*

Reinhold Imböck (geb. 1960) aus Wels lässt aktuelle Plagiatsdiskussionen anklingen: *Na eahli. muass ma sagn. gfoid ma, sei gedicht, gfoid ma. / had ma awa a schau gfoin, wias nu gar ned vo eahm war.*

Sie alle wissen mit unserer bodenständigen Sprache umzugehen. Deshalb ein Zitat aus dem Mund des hochgebildeten Germanisten, Altphilologen und Philosophen Gottfried Glechner: *De soin si schamá, de si eahnárá Mundart schamán.*

WIE ALLES BEGANN

Die Dialektkunst

12. Jahrhundert

Im Raum Linz / Wilhering und im Unteren Mühlviertel dichten die Minnesänger **Dietmar von Aist** (1115–1171) und **„Der Kürenberger"** (Lebensdaten unbekannt) einfache Liebeslieder in der bodenständigen mittelhochdeutschen Sprache ihrer Zeit.

13. Jahrhundert

Im heutigen Innviertel verfasst **Wernher der Gartenaere** zwischen 1250 und 1280 die satirische Verserzählung „Meier Helmbrecht". Von ihm ist nichts Näheres bekannt. Sein Beiname mag auf einen Klostergärtner hindeuten oder – da „garten" betteln bedeutete – auf einen fahrenden Sänger, der seine Dichtungen gegen Entlohnung vorträgt. „Meier Helmbrecht" erzählt in 1.934 Verszeilen über die Wandlung des Bauernsohnes Helmbrecht zum Raubritter, sein sündhaftes Leben und schreckliches Ende.

18. Jahrhundert

Im Benediktinerstift Lambach wirkt der hervorragend ausgebildete Theologe **Maurus Lindemayr** (1723–1783) aus Neukirchen bei Lambach u.a. als Übersetzer und Schriftsteller sowohl in hochdeutscher als auch in „obderennsischer" Sprache, einem bairischen Dialekt, mit dem er aufgewachsen ist. Er gilt deshalb als Begründer der oberösterreichischen Mundartdichtung.

19. Jahrhundert

Im Land ob der Enns erlebt die Mundartdichtung einen Aufschwung und wird populär. Der Innviertler **Franz Stelzhamer** und der Ennser **Carl Adam Kaltenbrunner** werden zu erbitterten Rivalen um die Gunst des Publikums. Weniger erfolgreich, dennoch anfangs als ebenbürtig angesehen ist der Ennstaler **Anton Schosser.**

DAS SÜSSE GEHEIMNIS DER GRAMASTETTNER KRAPFERL

Seit 1898 ist die Gemeinde im Mühlviertel für ihre Krapferl berühmt. Ihre Produktion gleicht einer Wissenschaft, die auf einem mündlich überlieferten Rezept basiert. Nur zwei Menschen kennen es.

Von Nora Bruckmüller

Mit gut 5.100 Einwohnern kommt Gramastetten auf eine erstaunlich hohe Dichte an Stars. Der Gramastettner Skisportler Vincent Kriechmayr war Doppelweltmeister, die Gramastettnerin Maria Hofstätter zählt längst zu den besten Schauspielerinnen des Landes („Hundstage", „Paradies: Glaube", ORF-Landkrimi).

Aus dem Ort, der 15 Kilometer von Linz entfernt in den Mühlviertler Hügeln liegt, kommt aber ein „Star", dem die Gunst schon viel länger sicher ist als beiden zusammen. Er misst acht Zentimeter und geht bis ins 18. Jahrhundert zurück: das Gramastettner Krapferl.

Als die OÖNachrichten das Ehepaar Johannes und Christa Mayr, die Chefleut' der „Hummel's Backmanufactur" auf dem Rodlberg, besuchen, liegt ein herrlich süßer, mehliger Duft in der Luft. Und eine Ahnung, die sich bestätigen soll: Die weiß gefliese Backstube ist eine tipptopp geplante, aufgeräumte Bühne für Gebäck, das filmreif

> *„Durch Eitelkeiten passiert viel, das bremst. Am Ende zählt nur die Qualität des Produkts. Wer es macht, ist nachrangig. Was dabei für andere eine Belanglosigkeit sein mag, kann aber den großen Unterschied bedeuten."*
>
> *Johannes Mayr, Hummel's Backmanufactur*

produziert wird und Fügungen braucht wie Vince für einen Sieg. Oder wie es im Sport-TV heißt: „Jedes Detail muss passen, damit alles ideal aufgeht." Bei den Krapferln natürlich der Teig. An normalen Produktionstagen entstehen 12.000 bis 15.000 Stück, an starken 20.000 bis 22.000.

In geheimer Mission

Dabei ist Chefbäcker Johannes Mayr wie 007 „in geheimer Mission" unterwegs. Das

Christa und Johannes Mayrs Geheimrezept befindet sich im Safe.

Krapferlrezept haben nur Vorgänger Hermann Knollmayr jun. und der 41-Jährige im Kopf, der aus der Geng stammt (Eidenberg). „Und beim Notar liegt es im Safe." Wenn er die Zutaten final vermengt, schützt ihn Milchglas. Vorbereiten kann er alles so, dass die Produktion ohne ihn eine Woche lang nicht steht.

Bei den Zutaten legt er Wert auf höchste Qualität. Und aus der Region sollen sie kommen. Spricht Mayr über das Mehl, wird klar, wie stark die Natur mitmischt. Ist der Sommer extrem heiß und trocken, verändert sich dessen Härte – die Zauberformel für den Teig muss angepasst werden. Überhaupt könnte man geneigt sein, das Krapferl als Prinzessin auf der Erbse zu bezeichnen. Jedes natürliche und maschinelle Zutun wirkt sich auf seine Güte aus. Wird

Gramastettner Krapferl in Handarbeit

die belgische Kuvertüre für die getunkten Krapferl geschmolzen, kann ein halbes Grad mehr oder weniger zwischen Erfolg und Misserfolg entscheiden. Ein Kapitel für sich war die sondergefertigte Dressiermaschine für die MiniKrapferl, genauer gesagt das Aufspritzen der Drei-Zentimeter-Bissen. „Jeder Motor musste so eingestellt werden, dass er zu jedem Zeitpunkt die richtige Bewegung macht. Es ging um Millisekunden."

Die größte Herausforderung der Mayrs betraf einst das Herzstück der Produktion, den Ofen. Im Jänner 2009 kam, wie man im Mühlviertel sagt, alles zusammen. Der 31.12.2008 war Hermann Knollmayrs Stichtag für die Pension. Ab 1.Jänner sanierte Mayr in der früheren kleinen Backstube hinter dem Geschäft nahe der Kirche das Eck, in dem ein neuer Ofen in ein paar Tagen seinen Dienst verrichten sollte. Mit der Probecharge kam eine Erkenntnis. „Die Wärme wurde dem Backgut falsch zugeführt." Über die Luft, das Krapferl braucht aber Strahlungswärme. „Wir dachten, Hitze ist einfach Hitze." Nach viel Hin und Her brauchte es einen neuen Ofen. Lieferzeit: zwei Monate. „Das war einfach zu akzeptieren." Aufgesperrt wurde am 1. April 2009. Bei der Eröffnungsfeier am 5.April war Christa Mayr hochschwanger mit Sohn Nr. zwei, Thomas.

„Am 8.April bin ich zum Entbinden gefahren", sagt die 39-Jährige Bad Leonfeldnerin, die den Verkauf schupft. Der Ältere, Mario, kam 2005 auf die Welt, als ihr Mann gerade bei den Knollmayrs ins Geschäft einstieg. Als sie damals gegenüber der Kirche im Verkauf half, stand der Kinderwagen im Geschäft. Die Buben waren oft mit dabei – sehr zur Freude von Konditormeister Hermann Knollmayr sr., der bis ins hohe Alter mithalf und 2012 mit 96 Jahren starb.

Beim Besuch der OÖN hilft nun Hermann jun. beim Verpacken der leicht zerbrechlichen Backware. Er übergab das Geschäft an Mayr, nachdem vier Generationen seiner Familie Krapferl gezaubert hatten. Gefunden hat man sich dank Mundpropaganda. Knollmayr hatte auf der Gemeinde verkündet, dass er einen Nachfolger suche. Mayr hörte das. Man traf sich, sprach über das Vorhaben, die Familien wuchsen zusammen.

„Der Hermann ist heute wie ein Göd für mich", sagt Mayr. „Es geht uns immer ums Miteinander, dass man gemeinsam anpackt", ergänzt seine Frau und beschreibt scheinbar eine Mühlviertler Grundeigenschaft.

Man erkennt sie auch, wenn Kriechmayr oder Hofstätter Interviews geben. Viel lieber als über sich selbst sprechen sie über die Sache und ihr Team.

WIE ALLES BEGANN

Gramastettner Krapferl

1844
Auf Katharina Humlin geht die erste verbürgte Gramastettner Krapferlbäckerei zurück. Sie lebte bis 1844. Ihr folgt Sohn Johann Humel (später Hummel).

1898
Anton Hummel, Katharinas Enkel, nennt das Gebäck „Gramastettner Krapferl".

1933
Antons Neffe, Hans Knollmayr, wird Chef. Aus dem Zweiten Weltkrieg kehrt er nicht heim.

1948
Hermann Knollmayr sr. – auch ein Neffe – und seine Frau Maria übernehmen die Zuckerbäckerei.

1982
Hermann Knollmayr jun. folgt seinem Vater.

2005
Johannes Mayr fängt bei Hermann Knollmayr jun. in der Krapferlbäckerei in der oberen Marktstraße an.

2009
Mayr übernimmt den Betrieb.

2012
Der neue Standort (Rodltalstraße 12) wird eröffnet. Das Team der Mayrs zählt zehn Mitarbeiter.

EINFACH NUR DER NATUR ZUSEHEN: CUMBERLAND WILDPARK GRÜNAU

Von der Alpenkrähe bis zur Ziege: Der Wildpark am Oberlauf der Alm ist ein Rückzugsgebiet für die alpine Tierwelt. Aber auch eine Insel der Erholung für kleine und große Naturliebhaber.

Von Edmund Brandner

Zwei Braunbären aus dem Salzburger Zoo waren die ersten Bewohner, als am 4. September 1970 der Cumberland Wildpark Grünau eröffnet wurde. Die Idee für den Park hatte Karl Hüthmayr, der damalige Forstmeister der Herzog von Cumberland Stiftung. Er wollte den Tourismus im Almtal ankurbeln, und Ernst August von Hannover (nicht der berüchtigte, sondern dessen gleichnamiger Vater) stellte dafür mehr als 60 Hektar paradiesische Landschaft am Ufer der Alm zur Verfügung.

Von Alpenkrähe bis Ziege

Bis heute ist der Cumberland Wildpark eine der spektakulärsten Naturattraktionen unseres Bundeslandes geblieben. Rund 50 Tierarten, von der Alpenkrähe bis zur Ziege, lassen sich hier bewundern. Es sind fast ausschließlich Tiere, die in dieser Landschaft ihr natürliches Habitat haben – auch wenn einige von ihnen, wie beispielsweise der Wisent oder der Gänsegeier, in Österreich längst ausgerottet wurden.

Die Arterhaltung ist eine der Aufgaben, die der Gesetzgeber Tiergärten und Wildparks vorschreibt, und die Grünauer erfüllen sie mit großem Engagement. So sind sie an fünf internationalen Wiederaufzuchtprogrammen beteiligt. Wenn sich in den kommenden Jahren die Bestände von Habichtskauzen oder von Przewalski-Pferden in Europa wieder erholen, dann unter Beteiligung des Cumberland Wildparks.

Mindestens genauso wichtig ist aber die Naturvermittlung. Mehr als 100.000 Besucher pro Jahr, darunter viele Kinder, erleben hier – mit oder ohne Führung – eine

Braunbären waren 1970 die ersten Bewohner des Cumberland Wildparks.

Natur, wie es sie außerhalb des Parks kaum noch gibt. Und das über den gesamten Jahreskreislauf hinweg. „Wir haben viele Stammgäste, die mehr über die Tiere wissen als deren Pfleger", sagt Geschäftsführer Bernhard Lankmaier, unter dessen Leitung der Wildpark in den vergangenen 15 Jahren aufgeblüht ist.

Es stand nämlich schon schlecht um ihn. Weil die Besucher nach und nach ausblieben, wollte die Herzog von Cumberland Stiftung den Park nach der Jahrtausendwende bereits schließen. Einer Gruppe von Almtaler Unternehmern ist es zu verdanken, dass der Wildpark mithilfe eines klaren Zukunftskonzepts und der finanziellen Unterstützung des Landes wachgeküsst werden konnte und heute wieder ein florierender touristischer Leitbetrieb für das Almtal ist.

Gehege wurden vergrößert

Die tierischen Bewohner des Parks profitierten davon. „Wir haben die Gehege nach und nach deutlich vergrößert, damit die Tiere mehr Platz haben und so natürlich wie möglich leben können", sagt Lankmaier. Die Landschaftsvielfalt im Wildpark macht das ohnehin einfach. Neben dem großen Waldgebiet gibt es am Ufer der Alm auch Wiesen

> *„Wir haben Stammgäste, die das ganze Jahr über zu uns kommen. Manche von ihnen wissen mehr über die Tiere als deren Pfleger."*
>
> Bernhard Lankmaier,
> Geschäftsführer des
> Cumberland Wildparks

und Augebiete. Nur bei den Vogelgehegen herrscht aus Lankmaiers Sicht noch Nachholbedarf. „Auch die müssen noch vergrößert werden", sagt er.

Den Besuchern wird heute ebenfalls deutlich mehr geboten als noch vor 15 Jahren. Sie finden bei den einzelnen Gehegen mehr Informationen über die Tierarten, im neuen Wildpark-Restaurant werden veredelte Produkte Almtaler Bauern kredenzt, und regelmäßig finden im Park auch Veranstaltungen statt.

Das Publikum honoriert diese Bemühungen. Bei einer Gästebefragung konnte das 15-köpfige Wildpark-Team feststellen, dass die Besucher mittlerweile bis zu sechs Stunden lang im Park bleiben.

Lankmaier ist überzeugt davon, dass der Cumberland Wildpark Grünau noch eine lange Zukunft hat. „Die Sehnsucht nach Naturerlebnis wird nicht weniger, sondern mehr", prophezeit er. „Unsere Aufgabe ist es, dieses Erlebnis den Menschen, so gut es geht, zu ermöglichen."

Geschäftsführer Bernhard Lankmaier

ZAHLEN & FAKTEN

Der Wildpark

70 Unternehmen und Privatpersonen
sind Mitglieder beim Verein der Förderer des Cumberland Tierparks Grünau. Sie retteten den Park 2009 vor der Schließung und ermöglichten danach sein Wiederaufblühen.

900 Kilogramm
schwer kann ein Wisent-Stier werden, wenn er ganz ausgewachsen ist. Das Wildrind ist damit der größte Bewohner in Grünau.
Auf Platz zwei liegen Elche mit maximal 800 Kilogramm.

6 Kilometer
lang sind die liebevoll angelegten Wanderwege, die durch den Park und an seinen Bewohnern vorbeiführen.

25 Tonnen
Heu und Grummet werden pro Jahr an die Pflanzenfresser unter den Wildparktieren verfüttert. Für die Fleischfresser gibt es unter anderem sechs Tonnen Rindfleisch.

1973
zog es auch Nobelpreisträger Konrad Lorenz mit seinen Graugänsen in den Wildpark. Er fand hier die besten Voraussetzungen für seine Verhaltensforschungen.

Luchse sind in Österreich in freier Wildbahn fast ausgerottet.

SEIT 130 JAHREN EINE STEILE ANGELEGENHEIT

Auf schmaler Spur ruckelt und zuckelt die Schaf-bergbahn seit 1893 auf einen Gipfel, der einen der schönsten Panoramablicke über glitzernde Seen-landschaften und prächtige Gebirge verheißt.

Von Bernhard Lichtenberger

„Es entschleunigt, man riecht den Kohlendampf und wird in die alte Zeit zurückversetzt."

Mario Mischelin, Geschäftsführer der Salzburg AG Tourismus

„Um 5:50 Uhr wurde der erste fahrplanmäßige Zug von der Station St. Wolfgang zur Schafbergspitze abgelassen; derselbe war mit 20 Fahrgästen trotz des starken Nebels besetzt", berichtete die „Tages-Post" über die Eröffnungsfahrt der Zahnradbahn am 1. August 1893 – um gleich darauf kritische Töne anzuschlagen: Denn von den angekündigten Festlichkeiten wie Höhenfeuern oder der „feenhaften Beleuchtung" des Gipfelhotels „war keine Spur zu entdecken. Nicht ein Fähnchen weht im Markte St. Wolfgang, kalt, unfreundlich, dem Wetter gleich, hat sich der Ort dem großen Ereignis gegenüber, welches eine unabsehbare, schöne Zukunft bringt, verhalten".

Ob der örtliche Berichterstatter einer Zunft angehörte, die sich von den pfauchenden Dampfrössern überfahren fühlte? Zu Beginn des 19. Jahrhunderts verdingten sich noch die sogenannten Sesselträger, die Wiener Herrschaften und noble Einheimische von St. Wolfgang auf den Schafberg schleppten – mit festen Tarifen, fixen Standplätzen und strengen Regeln für die Sicherheit der zu tragenden Personen.

26 Prozent Steigung

Die Ressentiments gegen die technische Aufstiegshilfe, die 472 Meter nach ihrer Abfahrt von oberösterreichischem auf Salzburger Boden wechselt, sind Geschichte. Im Jahr 2019 vermeldete man einen Passagierrekord: Fast 340.000 Gäste gönnten sich die aussichtsreiche, 5,85 Kilometer lange, 35 Minuten während, 1.190 Höhenmeter und eine maximale Steigung von 26 Prozent überwindende Fahrt auf den markanten, steil abfallenden Salzkammergutberg.

Die vom Visionär Berthold Currant ersonnene Attraktion, die auch der von ihm 1873 ins Leben gerufenen Wolfgangsee-Schifffahrt Auftrieb geben sollte, wurde innerhalb eines Jahres fertiggestellt, daran vermochte nicht einmal der strenge, frostige Winter

Touristischer Magnet seit 1893

Der Schafberg und sein traumhaftes Panorama

1892/93 zu rütteln. 350 zumeist italienische Arbeiter vollbrachten das herausfordernde Werk, das mit der Verwendung von 20.000 Kilogramm Sprengmitteln nicht ungefährlich war. Mit rund 6.000 Maultierlasten wurden Material und Verpflegung auf den Berg geschafft.

Die Lokomotiven ziehen nicht. Sie schieben ihre Waggons. Im Einsatz stehen vier dieselelektrische Loks, die für eine Berg- und Talfahrt mit 32 Litern Diesel auskommen, sowie vier moderne Dampfloks, die 140 Liter Heizöl und 1.000 Liter Wasser benötigen. Für nostalgische Fahrten kommen noch heute zwei Original-Dampflokomotiven von 1893 zum Einsatz. Für eine Berg- und Talfahrt füttert diese der Heizer mit 500 Kilogramm Steinkohle, um mit

3.000 Litern Wasser genug Dampf zu machen und die Höchstgeschwindigkeit von 7 km/h zu erreichen. „Es entschleunigt, man riecht den Kohlendampf und wird in die alte Zeit zurückversetzt", sagt Mario Mischelin, Geschäftsführer der Salzburg AG Tourismus, die Schafbergbahn und Wolfgangsee-Schifffahrt betreibt. Die historischen Züge brauchen eine Stunde bis zum Gipfelbahnhof. 2023 hat die Schafbergbahn ein neues Gesicht bekommen. Um 30 Millionen Euro wurden die Schienen saniert und die Talstation in St. Wolfgang neu errichtet – mit Museum, Souvenirshop und ganzjährig geöffnetem Restaurant.

Mischelin ist Eisenbahner durch und durch. Die berufliche Karriere des 53-Jährigen verlief quasi wie auf Schienen – von den ÖBB, wo er nach der Matura als Fahrdienstleiter anfing und schließlich in der Zentralschule Fahrdienstleiter und Lokführer ausbildete, bis zu seinem Wechsel 2006 an seine heutige Wirkungsstätte.

Der aus St. Jakob im kärntnerischen Rosental stammende Mischelin beschäftigt 18 Lokführer, die auch auf dem See am Steuerruder stehen: „Wenn bei uns jemand Kapitän werden will, muss er sich erst schmutzig und den Dampflokführer machen. Das Schifferlfahren ist eine saubere Angelegenheit, da trägt man weiße Uniform." Als Betriebsleiter beherrscht er selbst alle Fahrzeuge und springt, wenn jemand ausfällt, „als Notnagel" ein.

Höchst selten, aber doch kann es vorkommen, dass der Lokführer beim Heizen der Dampflok nicht aufpasst und er auf der Strecke zum Stehen kommt. „Wem das passiert, der muss der Mannschaft eine Kiste Bier zahlen", sagt Mischelin.

Die Schafbergbahn auf 1.782 Metern

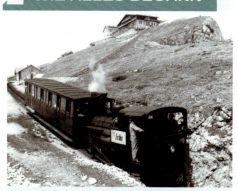

Die Schafbergbahn

1864
Wolfgang Grömmer, Gastwirt des Weißen Rößls in St. Wolfgang, eröffnet auf 1.782 Meter Höhe das Hotel Schafbergspitze, das erste Berghotel Österreichs.

1893
Am 1. August eröffnet die „Salzkammergut-Localbahn-Actiengesellschaft" die als Zahnradbahn ausgeführte „Localbahn" auf den Schafberg.

1932
Nach finanziellen Schwierigkeiten wird die Bahn an das Österreichische Verkehrsbüro verkauft. 1938 ging sie an die Deutsche Reichsbahn und nach dem Zweiten Weltkrieg an die ÖBB.

2006
Die Salzkammergutbahn GmbH, eine Tochterfirma der Salzburg AG, betreibt nunmehr die Schafbergbahn und die Wolfgangsee-Schifffahrt.

DER TRAUNSTEIN: KEINER IST WIE ER

Rau, unnahbar, anziehend und faszinierend. Wie die berggewordene Ambivalenz steht der Traunstein am Tor zum Salzkammergut. Ein Berg, der zugleich Glücksgefühle und Gefahren birgt.

Von Gabriel Egger

Josef Zalud hat es 3.765 Mal getan. Dreimal pro Woche, immer montags, mittwochs und freitags. Mehr als zehn Jahre lang müssten Nachahmer täglich auf den Traunstein steigen, um öfter dort gestanden zu sein, wo sich die Weite des Alpenvorlandes auf der einen und das Glitzern des Traunsees auf der anderen Seite zu einem verträumten Bild vereinigen.

> *„Der Traunstein ist kein blutrünstiger Berg. Mit Vorsicht und alpinem Hausverstand ist und bleibt er ein großartiges Erlebnis."*
>
> *Christoph Mizelli, Bergretter*

Vor 23 Jahren starb Josef Zalud. Abgestürzt beim 3.766. Mal, an einem kalten Dezembertag, auf dem verschneiten Rückweg über den Hernlersteig. „Wünscht es mir nicht, dass ich nicht mehr gehen kann. Bevor ich nicht mehr auf meinen Berg komme, sterbe ich lieber", hatte der Schwanenstädter immer wieder zu Freunden und zu seiner Familie gesagt. Seine Liebe zu dem 1.691 Meter hohen Berg, der als Symbol für das Land und zum Wächter über das Salzkammergut avancierte, war nicht enden wollend.

Die Geschichte Zaluds ist charakteristisch für den Traunstein. Wie kaum ein anderer Berg verkörpert er Gegensätze, die sich unweigerlich anziehen. Viel Licht bringt auch einiges an Schatten. Als rauer, unnahbarer

Kalkklotz steht er da, nähert man sich ihm vom Zentralraum. Wer ihn besteigt, wird nicht mehr losgelassen. Von Ein- und Ausblicken, die er gewährt, von der Dominanz, die er ausstrahlt, und von der Abwechslung, die er auf all seinen Wegen jedes Mal aufs Neue bietet.

Drei Wege, viele Möglichkeiten

Und Wege, davon hat der Traunstein viele. Nur drei davon sind markiert und gelten damit als offiziell. Der Naturfreundesteig im sonnigen Süden des Berges, dem mit der Felsnadel des Sulzkogels von der Natur noch ein eigener Wächter zur Seite gestellt wurde. Der Hernlersteig, westseitig, benannt nach dem Gmundner Hans Hernler, einem der ganz großen Traunstein-Pioniere, der vom See aus in beständiger Steilheit fast vor die Terrasse der Gmundner Hütte führt.

Blick ins Alpenvorland

Und der Mairalmsteig, der älteste aller Anstiege, der dort seinen Anfang nimmt, wo Kaiser Franz Joseph eine Pause von der Gamsjagd einlegte. Der Kaisertisch zeugt noch heute davon.

Bis zu 20.000 Bergsteiger sind jährlich auf dem „Wächter des Salzkammergutes" unterwegs, die Frequenz steigt – und damit auch die Unfälle. 143 davon gingen seit dem Jahr 1879 tödlich aus. Immer wieder bestimmt der Traunstein deswegen die Schlagzeilen. Die Beschreibungen als „blutrünstig und gefährlich" widersprechen dabei diametral dem, was Bergsteiger dort die allermeiste Zeit erleben: Glück, Freiheit und Zuversicht. Ein typischer Beleg für die Gegensätze, die der Berg erzeugt.

Viele Unfälle sind ausschließlich dem Pech zuzuschreiben: stolpern, ausrutschen, Griffe und Tritte, die plötzlich ausbrechen. Einige wären vermeidbar, mit der einzigen Grundregel, die sich auf den Traunstein immer anwenden lässt: gezielte Vorbereitung.

Weil der Traunstein im Gegensatz zu seinen felsigen Kollegen im Toten Gebirge nicht besonders hoch ist, glauben viele, die ihn nur aus der Ferne kennen, an eine „schnelle Nummer". Dass vom Ostufer des Traunsees bis zum Gipfel aber knapp 1.300 steile Höhenmeter zu überwinden sind, merken sie oft erst im Gelände. Und dann ist es zu spät. Darum: früh starten, genügend Zeit und Verpflegung einplanen und den Wetterbericht ganz genau beachten. Wer nicht schwindelfrei ist, bleibt lieber auf dem Miesweg, der sich gut gesichert am Fuß des Berges vorbeischlängelt. Denn kein Weg auf den Traunstein ist als „einfach" zu bezeichnen. Aber jeder Weg ist lohnend. Anspruchsvolle Aufstiege, intakte Natur und herrliche Aussicht über den Westen des Landes verschmelzen sogar zu einem der lohnendsten Gipfelabenteuer Österreichs.

An klaren Tagen reicht der Blick bis zu den höchsten Bergen Österreichs.

Dem würden nur einige Ebenseer widersprechen: Denn der Traunstein ist ein Gmundner Berg – und deswegen tabu. Ein ungeschriebenes Gesetz, das oft gebrochen wird. Zu anziehend wirken seine Wandfluchten auch von der Salinengemeinde aus.

Zur Rast lädt der Berg nicht nur auf dem weitläufigen Plateau, sondern auch in seinen beiden Hütten ein: die Gmundner Hütte, seit vielen Jahren liebevoll von Gerald Auinger bewirtschaftet, und das Traunsteinhaus, in dem Wirt Roman Leithner seit 2021 seine alte Liebe zum Berg wieder aufflammen lässt. Wer dort nach einem Aufstieg über Nacht bleibt, die ersten Sonnenstrahlen beobachtet, wie sie den See langsam zum Glitzern und die Berggipfel zum Erröten bringen, wird schnell feststellen: So wie der Traunstein ist kein anderer.

ZAHLEN & FAKTEN

Der Traunstein

240 Millionen Jahre

ist das älteste Gestein alt, das Bergsteiger auf dem Traunstein noch antreffen können. Der Gutensteinkalk, schwarz gefärbt und dick geschichtet, ist im mittleren Bereich des Hernlersteigs, vor dem Pfeiler des Südwest-Grates und in der Westwand des Berges vorhanden.

86 Minuten und 47 Sekunden

benötigten Toni Neudorfer und Peter Schwamberger im Juni 2019 für die Durchsteigung der 900 Meter hohen Traunstein-Westwand. Mit 30 Seillängen bis zum siebten Schwierigkeitsgrad ist die Route „Kaffee und Kuchen" eine der anspruchsvollsten auf dem ganzen Berg– und oft nicht einmal an einem ganzen Sommertag zu schaffen.

143 Tote

sind auf dem Traunstein seit Beginn der Aufzeichnungen im Jahr 1879 zu beklagen. Vom ersten Einsatz der 1920 gegründeten Gmundner Bergrettung zeugt noch heute das „Weinmann-Taferl" auf dem Hernlersteig.

3 Gipfel

befinden sich auf dem Plateau des Traunsteins. Der höchste – der auch als Gipfel des Berges gilt – ist der 1.691 Meter hohe Pyramidenkogel. Der Fahnenkogel, auf dem die Gmundnerhütte des Alpenvereins erbaut wurde, ist 1.666 Meter hoch, der Traunkirchnerkogel, wo das Traunsteinhaus der Naturfreunde steht, misst 1.575 Meter. Die Silhouette des Berges ist an Tagen mit klarer Luft bis zu 150 Kilometer weit sichtbar.

Das Gipfelkreuz auf 1.691 Metern

DER RADDAMPFER GISELA IST DIE KÖNIGIN DES TRAUNSEES

Vor rund 40 Jahren sollte die Gisela noch verschrottet werden. 2021 feierte der Raddampfer seinen 150. Geburtstag. Das schwimmende Denkmal ist inzwischen der Stolz der Menschen am Traunsee.

Von Edmund Brandner

Ein Schiff mit Dampfantrieb? Kann man dieser modernen Technik überhaupt trauen? Ganz sicher waren sich die Menschen am Traunsee vor 150 Jahren nicht. Deshalb verpasste der englische Schiffskonstrukteur Joseph John Ruston der Gisela zur Sicherheit anfangs auch zwei Masten zum Segeln.

Dennoch setzte man große Hoffnungen in den Schaufelraddampfer. Er sollte endlich eine witterungsunabhängige und pünktliche Verkehrsverbindung in das Salzkammergut bilden. (Die Bahnlinie wurde erst 1877 eröffnet.) Das schnittige Schiff, das nach der ältesten Tochter des Kaisers benannt wurde, war kein Ausflugsdampfer, sondern ein schnelles und verlässliches Verkehrsmittel. Ebenseer Bauern brachten darauf Lebendvieh zum Markt nach Gmunden, und der Kaiser stieg mit seiner Entourage zu, wenn er auf dem Weg nach Ischl war.

Schifffahrtsunternehmer Karlheinz Eder

Drei Kapitäne dürfen die Gisela fahren.

Sechs Mann Besatzung

Heute gehört die Gisela zu den fünf ältesten Dampfschiffen Europas, die noch im Liniendienst sind. Schifffahrtsnostalgiker aus aller Welt pilgern alljährlich an den Traunsee, um sich am erotischen Heck der alten Dame zu ergötzen.

Dabei ist es fast ein Wunder, dass die Gisela überhaupt noch existiert. Vor 43 Jahren sollte sie den gleichen Weg gehen wie ihr Schwesterschiff Elisabeth (ebenfalls nach einer Tochter des Kaisers benannt). Diese wurde 1969 in Ebensee an Land gezogen und verschrottet. 1980 zogen Werftarbeiter auch die Gisela aus dem Wasser. Ihr Betrieb war mit sechs Mann Besatzung

– neben dem Kapitän gab es auch einen Steuermann und einen Heizer– nicht mehr rentabel.

Es war der Verein „Freunde der Stadt Gmunden", der den Dampfer rettete. Eine Handvoll honoriger Männer rief zu einer groß angelegten Spendenaktion auf, übernahm das Schiff von der Traunseeschifffahrt und organisierte gemeinsam mit ihrem ehemaligen Eigentümer Karlheinz Eder und mit Unterstützung der öffentlichen Hand die Renovierung der Gisela. Zugleich wurde der Dampfer auch unter Denkmalschutz gestellt – als erstes schwimmendes Objekt in Österreich. Und er wurde auch modernisiert: Heute sind nur noch vier Mann Besatzung notwendig. Die Traunseeschifffahrt pachtet die Gisela jetzt von den „Freunden der Stadt Gmunden".

Umstieg von Kohle auf Öl

Die Rettung der Gisela war ein Kraftakt, der mehr als 1,2 Millionen Euro verschlang. Danach wurden aber noch weitere Modernisierungen durchgeführt. Die wichtigste war die Umstellung des Kessels von Kohle- auf Ölverbrennung im Jahr 1992, was eine Schadstoffreduktion von mehr als 95 Prozent brachte.

Der Betrieb der 150 Jahre alten Dampfmaschine, die in Prag, dem industriellen Herzen der Monarchie, hergestellt wurde, stellt aber immer noch eine Herausforderung dar. So braucht die 143 PS starke Maschine ein spezielles Schmieröl, das mit dieser Viskosität heute nicht mehr produziert wird. Als der letzte ausländische Hersteller ausfiel, stand die Schifffahrtslinie Eder vor einem Problem – bis sich ein ehemaliger Mitarbeiter daran

Die Gisela – einer der ältesten Raddampfer Europas

Traunsee-Rundfahrten bieten spektakuläre Ausblicke auf die Bergwelt.

erinnerte, dass die Dampfmaschine während des Krieges mangels Rohstoffen mit ausgekochtem Rinderfett geschmiert wurde – das offenbar genau die richtige Viskosität besitzt. Später lernte Karlheinz Eder zufällig einen OMV-Manager kennen, und seither wird in einem Schulungslabor des Mineralölkonzerns jedes Jahr ein Kanister Schmieröl exklusiv für die Diva am Traunsee hergestellt.

> *„Wenn die Gisela pfeift, kommen in jedem Gmundner Kindheitserinnerungen hoch."*
>
> *Stefan Krapf,*
> *Bürgermeister von Gmunden*

Fingerspitzengefühl ist gefragt

Drei Kapitäne haben heute die nötige Ausbildung, um mit der Gisela zu fahren, einer von ihnen ist Karlheinz Eder selbst. Vor allem das Anlegen mit den großen Schaufelrädern, die sich pro Minute 36 Mal drehen, erfordert großes Fingerspitzengefühl. Man muss es auch offen sagen: Die alte Dame ist nicht unbedingt die Beweglichste.

Dennoch ist die einstige Abwrack-Kandidatin Gisela heute der Stolz aller Menschen zwischen Gmunden und Ebensee. Sie gehört zum Traunsee wie der Traunstein oder das Löwendenkmal. „Wenn die Gisela pfeift, kommen in jedem Gmundner Kindheitserinnerungen hoch", sagt Bürgermeister Stefan Krapf.

HEISS, HEISSER,
DIE KESSELHEISSE

Wer zu spät kommt, der wird bestraft und bekommt keine Wurst. Kulinarisch Aufgeweckte wissen also, was am Donnerstagvormittag zu tun ist: Sie stellen sich beim Fleischhauer um die Kesselheißen an.

Von Philipp Braun

Die griechischen Krieger der Antike hatten sie und stärkten damit ihren Körper. Die Römer füllten sie mit Innereien, Pfeffer und etwas Wolfsmilch, und der österreichische Schriftsteller Friedrich Schlögl sah in ihr „die drittletzte Etappe auf dem Passionsweg zur Schlusskatastrophe". Ohne um den heißen Brei herumzuschreiben – kulinarisch Aufgeklärte wissen es: Es geht um die Wurst. Was früher als nährstoffreiche Wegzehrung und später als Arme-Leute-Essen galt, ist heute ein Baustein der Kulinarik. Wahrscheinlich könnten sogar selbst ernannte Wurstwissenschafter tausend verschiedene Rohwürste, Brühwürste und Kochwürste aufzählen. Von den Frankfurter oder „Wiener Würstchen" über die nordafrikanischen Merguez bis hin zu Haggis aus Schottland, Zampone aus Italien und der französischen Saucisson de Lyon.

Herz der Wurstproduktion

Was aber weder Friedrich Schlögl noch die Römer noch die Griechen vorausahnen konnten, ist, dass es in Oberösterreich einen „Wurstfeiertag" gibt, an dem tausende Kulinariker aus der Ferne zu ausgewählten Manufakturen pilgern. Der Tag, an dem in einem großen Kessel unzählige Frankfurter, Käsekrainer, Scharfe, Weißwürste oder Braunschweiger im Wasser sieden, bevor sie mit der Zange herausgefischt und danach andächtig verspeist werden.

Fritz Silmbroth, Besitzer der gleichnamigen Traditionsfleischerei mit angeschlossenem Gasthaus in Viechtwang (Gemeinde Scharnstein), weiß um das Griss um die Würstel. „Früher wurde immer am Montag geschlachtet und am Donnerstag gewurstet. Die Wurst musste über das Wochenen-

Die Würste von Fritz Silmbroth im Kesselwasser

de halten. Vakuumiert wurde damals noch nicht", sagt Silmbroth. Wie es der Zufall so will, bekamen das der Amtsleiter, der Direktor oder der Maurer spitz – sie flanierten verstohlen an der Fleischhauerei vorbei, fragten nach einer Stärkung und gönnten sich frische Würste und ein Glas Bier. Viele andere Einheimische folgten – aus wenigen Genussmenschen wurden mehr, „die Kesselheiße" war geboren. „Heute kommen sie fallweise in Bussen und aus dem Ausland. Manchmal spielt auch die Musi auf", erklärt Silmbroth.

> „Früher wurde immer am Montag geschlachtet und am Donnerstag gewurstet."
>
> *Fritz Silmbroth, Fleischhauer und Besitzer des gleichnamigen Traditionsbetriebs in Viechtwang*

Als Fleischhauer steht er prinzipiell früh auf. An Donnerstagen ist bereits um halb vier Uhr in der Früh Tagwache. Silmbroth füllt mit seiner Mannschaft und Schwager Johannes Lankmaier das Brät in den Darm, räuchert die Würste (mit Ausnahme der Weißwürste) für ungefähr zwei Stunden und legt die ersten nach der Selch um acht Uhr ins siedende Wasser bei zirka 72 Grad. Die Temperatur ist entscheidend. Ist es zu heiß, also kochendes Wasser, dann platzt die Wurst.

Die Wurst sollte auch nicht zu lange im Wasser bleiben, sonst wird sie ausgelaugt. Von einer Opferwurst hält Silmbroth wenig. Dieses Opfer dient dazu, dem Wasser salzigen Geschmack zu verleihen, damit die Wurst in Folge durch den osmotischen Druck eben nicht ausgelaugt wird und einen Geschmacksverlust erleidet. Statt der Opferwurst könnte man auch einen Löffel Salz ins Wasser geben. „Ich hab beim Schölli gelernt, und wir hatten nie eine Opferwurst. Das tut man als Fleischhauer nicht", sagt Silmbroth.

Der Schölli ist übrigens der Schöllhuber aus Kirchdorf, und wie der Silmbroth eine Institution. Auch hier wird jeden Donnerstag der Kesselheißen gehuldigt. Beide Fleischhauereien zeichnet die gelebte Tradition und das Handwerk aus, und dass sie sich der Qualität verschrieben haben. „Nur

Donnerstags gibt's Kesselheiße.

wenn ich Gutes reingebe, kommt Gutes raus. Bei der Qualität darf man nicht sparen", sagt Schöllhuber.

Eine Wurst für alle

Fans der Kesselheißen finden sich in allen sozialen Schichten – vom Arbeiter über den Angestellten bis zum Bankdirektor. Die Besonderheit ist, dass alle an einem Tisch sitzen und miteinander reden. Reservierung gibt es weder beim Schöllhuber noch beim Silmbroth. „Und wenn Barack Obama anrufen und reservieren würde – das machen wir nicht", sagt Schöllhuber.

Mittlerweile wurde der Brauch aus dem Voralpenland von vielen Fleischhauereien aufgegriffen. „Wir haben das vor ein paar Jahren ins Leben gerufen. Jeden ersten Donnerstag bieten wir Kesselheiße an. Dazu Tanzlmusik und ein frisch gezapftes Bier. So kann der Donnerstag super beginnen", sagt Birgit Riepl aus Gallneukirchen.

WIE ALLES BEGANN

Die Wurst

Der Autor Homer erwähnte die Würste bereits in der Odyssee als blutgefüllte Tierdärme. Die Römer bezeichneten Würste als „farcimina", der Begriff des deutschen Wortes Wurst lässt sich aus „etwas drehen, rollen, wenden" herleiten.

Im 16. Jahrhundert entstand ein Wurstkult, aus der viele Herstellungsverfahren stammen. Im 18. und 19. Jahrhundert galt die Wurst als kostengünstiger Fleischersatz.

Heute heben sich einige Manufakturen hervor, die mit Qualität und Geschmack punkten und dem Fleischerhandwerk den nötigen Rückenwind verleihen.

Handwerk gepaart mit Qualität aus dem Almtal

DAS SÜSSE SOUVENIR DER STAHLSTADT: LINZER TORTE

Warum kommen Touristen eigentlich nach Linz?
Und welche Erinnerungen nehmen sie sich mit?
Eine süße Spurensuche nach Zimt, Mandeln,
Butter und Ribiselmarmelade.

Von Philipp Braun

Linz ist eine Stadt für Feinspitze, eine Mischung aus trocken und süß, Linz ist angenehm nussig, ein bisschen fruchtig. Was man an Linz nicht besser machen könnte, wäre das Image der Mehlspeisen. Denn Linz ist Linzer Torte – und Linz ist die Stadt mit dem ältesten Tortenrezept der Welt.

Wer Zwergerl schnäuzen möchte, fährt mit der Grottenbahn, wer in die Zukunft schauen möchte, besucht das AEC, wer allerdings ein Souvenir mit nach Hause nehmen möchte, kauft sich eine Linzer Torte.

Dem Vater des Linzer Konditormeisters Leo Jindrak ist es zu verdanken, dass Anfang der 1980er Jahre die Torte zum Höhenflug ansetzte. „Als Firma sind wir damit groß geworden. Mein Vater nannte unseren Betrieb ‚Haus der Original Linzer Torte'. Davor war man sich nie so sicher, welches Linz mit der Torte gemeint ist. Heute weiß die ganze

„Heute weiß die ganze Welt, dass es die Linzer Torte in Linz an der Donau gibt und dass in Linz die Torte gebacken wird."

Leo Jindrak, Konditormeister

Welt, dass es die Linzer Torte in Linz an der Donau gibt, und umgekehrt, dass in Linz die Torte gebacken wird", sagt Leo Jindrak.

Stücke, die die Welt verändern

130.000 Stück produziert die Konditorei jedes Jahr. Vom kleinen Stück bis zur großen Torte mit 26 Zentimetern oder der Weltrekordtorte mit vier Metern Durchmesser. Viele schickt die Firma Jindrak ins Ausland. Weltweit. Besonders beliebt ist sie in Deutschland, Italien, Spanien und der Schweiz. „Die Italiener fahren darauf ab. Wahrscheinlich weil man sie bei warmen Temperaturen lagern kann, sie leicht händelbar ist und die Zutaten an deren Kekserl und Kuchen erinnern", sagt Jindrak. Es ist also möglich, dass die Italiener mit der Linzer Torte Ähnlichkeiten zur süßen Crostata wahrnehmen, die in Form und Zubereitung der Linzer Variante sehr ähnlich ist und ebenso eine sehr lange Historie aufweist.

Nichtsdestotrotz kaufen Touristen die Linzer Torte, weil sie besonders gut schmeckt und transportierbar ist. Deutsche Touristen bevorzugen sie übrigens mit Schlagobers (Sahne). Viele packen die Torte als Mitbringsel ein. Sogar Wiener lassen sich die Spezia-

Ein paar süße Zutaten für die Linzer Torte

lität heimschicken. Die Beliebtheit liegt also im Geschmack, der Haltbarkeit, aber auch die Geschichte trägt zum Kult bei. Immerhin handelt es sich um das älteste Tortenrezept der Welt, das in einem Kochbuch der Veroneser Gräfin Anna Margarita Sagramosa aus dem Jahre 1653 entdeckt wurde. Wer sie tatsächlich erfunden hat, ist nebensächlich. „Es gibt keine Erfinder, nur viele erfundene Erfinder. Und mir ist es auch wurscht, wer sie erfunden hat. Wichtig ist, dass sie gut schmeckt, qualitativ produziert wird und sich auch verkauft", sagt Jindrak.

Das innere Geheimnis

In erster Linie sind die Zutaten für den Teig wichtig. Also immer Mürbteig mit Butter statt mit Margarine oder Palmöl herstellen. Ob allerdings Mandeln oder Haselnüsse, Marmelade aus Ribiseln, Preiselbeeren oder gar Himbeeren eingesetzt werden, ist egal. Es gibt hunderte Rezepte, manche sind geheim, andere können gerne nachgebacken werden. Die größten Fehler passieren beim Teig, wenn dieser zu lange geknetet

und brandig wird. Manche unerfahrenen Tortenbäcker lassen die Torte zu lang oder zu kurz im Rohr mit dem Ergebnis, dass sie nicht durchgebacken oder gar verbrannt ist.

Als Richtwert empfiehlt Jindrak die optische Analyse. „Die Marmelade muss brodeln", sagt er und begründet somit, warum das Gittermuster hilfreich ist. Zudem würde eine geschlossene Teigdecke aufreißen und der Boden speckig schmecken. Wer zum Schluss noch Mandelblätter über die Torte gibt, hat das perfekte Mitbringsel.

Eine besonders schöne Verpackung ist die Linzer Dose. Mittlerweile ein Sammlerobjekt, das jedes Jahr von einem Linzer Künstler gestaltet wird. 2021 entwarf es Lukas Johannes Aigner, dessen Motiv eine Frau im Negligé auf der Torte zeigte und so manche Gemüter erhitzte.

Für die einen ist es sexistisch, für Aigner „eine Frau, die auf dem süßesten Bett liegt, das es gibt. Eine Frau im Schlaraffenland."

Das Gitter hat optische und praktische Funktionen

REZEPT

Linzer Torte

Zutaten

für eine Torte mit 24 cm Durchmesser:
20 dag Butter
33 dag Mehl (Weizenmehl 700 glatt)
20 dag Staubzucker
13 dag geröstete Haselnüsse
2 Eier
Gewürze (Vanille, Zitrone, Zimt, Nelkenpulver)
1 dag Backpulver
40 dag Ribiselmarmelade

Zubereitung

Die Butter und den Zucker verkneten. Das gesiebte, mit Backpulver vermischte Mehl, Nüsse, Eier und Gewürze dazukneten.

Den fertigen Teig einkühlen. Nach einiger Zeit aus dem Kühlschrank geben und vierteln. Dreiviertel des Teiges auf ca. 1,5 cm ausrollen, die Ribiselmarmelade aufstreichen.

Den restlichen Teig zu Rollen formen und als Gitter und Rand auf die Marmelade auflegen. Mit Ei bestreichen, am Rand mit gehobelten Mandeln (6 dag) bestreuen.

Backzeit: 40 bis 45 Minuten bei ca. 190 Grad Celsius.

WIE ALLES BEGANN

Die Linzer Torte

8. Jhdt. v. Chr.

Die Römer fertigten vermutlich bereits Torten, die dem heutigen Linzer Original ähnlich waren.

1653

Das Kochbuch der Gräfin Anna Margarita Sagramosa aus Verona beinhaltet eine Anleitung der Linzer Torte in vier Varianten.

1822

Der deutsche Konditor und Zuckerbäcker Johann Vogel (1796-1883) zog 1822 nach Linz, heiratete die Linzer Zuckerbäckerswitwe Katharina Kreß, führte die Torte in den Gewerbebetrieb ein und machte sie bekannt.

2005

Das Buch der Gräfin Sagramosa wurde von Waltraud Faißner im Stiftsarchiv Admont entdeckt.

ST. FLORIANS SINGENDE KNABEN

Seit mehr als 950 Jahren wird in St. Florian knabenhaft schön gesungen. Heute sind die Sängerknaben längst ein singender Export-schlager Oberösterreichs.

Von Helmut Atteneder

Sie singen „Kuckuck ruft's aus dem Wald". Sie singen das „Locus Iste" von Anton Bruckner. Und sie treten als Solisten an großen Opernhäusern auf. Egal, was die St. Florianer Sängerknaben singen, es bewegt die Menschen, die den Knaben im Alter von 10 bis 14 Jahren in ihren traditionellen Matrosen-Uniformen zuhören. Es rührt sie mitunter zu Tränen.

Das ist seit dem Jahr 1071 so. Wobei es lange Zeit einzig und allein die Aufgabe der Sängerknaben war, das innerkirchliche Leben mit ihrem Gesang zu begleiten. Heute ist der Klangkörper ein musikalischer Exportschlager. Nichts und niemand konnte in den vergangenen fast tausend Jahren etwas daran ändern. Nicht ein Dekret von Kaiser Joseph II., der dem lauten Chorgesang gesundheitsgefährdende Wirkung unterstellte. Und schon gar nicht die Nazis, die die Sängerknaben und die „Pfaffen" (Zitat: Joseph Goebbels) aus dem Stift vertrieben haben, um daraus eine Hochschule für Musik zu machen. Mehr als eine „Reichsrundfunkanstalt" ist daraus nie geworden. Im Vergleich zu den Gräueln, zum millionenfachen Massenmord, den die Nazis zu verantworten hatten, ein vernachlässigbarer Blödsinn.

Im August 1837

In der Geschichte der „Florianer" gibt es unzählige große Tage, einer der größten ereignete sich im August des Jahres 1837. Theresia Bruckner war nach dem Tod ihres Mannes verarmt. Sie marschierte mit ihrem musikalisch begabten Sohn ins Stift St. Florian und bat, den Buben als einen von drei Sängerknaben in dieser Zeit aufzunehmen. Der Name des 13-Jährigen: Anton Bruckner.

Dieser blieb zeitlebens ganz eng mit dem Stift verbunden, auch dann noch, als er längst als Komponist Weltruhm erlangt hatte. Immer wieder taten spätere musikalische Größen als Sängerknaben von

2021 feierten die St. Florianer Sängerknaben ihren 950. Geburtstag.

St. Florian ihre ersten Schritte. Etwa die Komponisten Franz X. Müller, Johann N. David oder August Peböck.

Doch auch in der Neuzeit bringt der Klangkörper immer wieder große Talente zu Tage. Am 16. Juni 2010 debütierte Alois Mühlbacher bei der Premiere von Wagners „Tannhäuser" als Junger Hirte an der Wiener Staatsoper. Dirigent Franz Welser-Möst, ein treuer Begleiter der Sängerknaben, sagte nachher: „Ich habe so eine Knabenstimme noch nie gehört in meinem Leben." Mühlbacher begeisterte auch als Königin der Nacht im Musikantenstadl ein weniger klassikaffines Musikpublikum. Später verheimlichte er seinen Stimmbruch ein ganzes Jahr lang, indem er im Falsett sang. Heute ist er auf dem Weg zu einem international gefragten Countertenor.

Die Neuzeit der Sängerknaben ist untrennbar mit dem Namen Franz Farnberger verbunden. Der Wiener wechselte 1983 von den dortigen Sängerknaben nach St. Florian und ist seither künstlerischer Leiter. „Farni"

„Jeder Mensch hat nur eine Kindheit. Und das Glück dieser Zeit soll man nicht einem anderen Ziel unterordnen. Wesentlich ist, dass die Kinder immer Kinder sein können."

Franz Farnberger, künstlerischer Leiter St. Florianer Sängerknaben

oder „Herr Magister" wird der 71-Jährige von den Buben genannt – freundschaftlich, stets aber respektvoll. Mit Farnberger begannen auch die regen internationalen Konzerttourneen, die die Sängerknaben unter anderem nach Südafrika, Indien, Mexiko, China, Russland oder in die USA führten. Wie Farnberger seine Mission sieht? „Jeder Mensch hat nur eine Kindheit, und das Glück in dieser Kindheit soll man nicht einem anderen Ziel unterordnen. Wesentlich ist, dass die Kinder immer Kinder sein können." Seine Arbeit, jene des Chorleiters Markus Stumpner – ebenfalls einst als Solist erfolgreicher Sängerknabe – und die des Betreuerteams im Stift ist von ständigem Kommen und Gehen geprägt. Der Stimmbruch ist das unweigerliche Ende der Karriere bei den Sängerknaben. Farnberger: „Dieser Wechsel hält einen jung, weil man immer wieder von vorne beginnt und das Repertoire so immer wieder neu entdeckt."

Von Frau Marie zur Moderne

Auch die Bleibe der Sängerknaben im Stift entspricht modernen Anforderungen. Hatte in den 1980ern die „Frau Marie" den gro-

Künstlerischer Leiter Franz Farnberger

ßen Kohleofen nur einmal pro Woche eingeheizt und den Buben jeweils ganze zwei Minuten zum Duschen eingeräumt, ist der Trakt samt Internat nun großzügig ausgebaut. Das Freizeitangebot ist mit Sporthalle, Tennis- und Fußballplatz, Schwimmbad oder einer Lagerfeuerstelle mannigfaltig. Nach dem täglichen Schulbesuch in der Mittelschule St. Florian wird gemeinsam zu Mittag gegessen. Auf die Freizeitphase folgen Hausübungen, Stimm- und Chorproben. Um 20.30 Uhr rufen erfahrene Betreuungspädagogen zur Bettruhe.

Christa Steinkellner ist die Geschäftsführerin der Institution, die über ein Jahresbudget von 800.000 Euro – gespeist aus Einnahmen, Sponsorengeldern, Subventionen und Spenden – verfügt. Die Kosten für Internat inklusive Vollverpflegung, Gesangsausbildung, schulpädagogischer und Freizeitbetreuung betragen 340 Euro monatlich. Steinkellner: „Uns ist wichtig, dass sich die Kinder hier wohlfühlen und dass der Aufenthalt für die Eltern leistbar ist."

WIE ALLES BEGANN

St. Florianer Sänger-knaben

1071
Die Augustiner-Chorherren übernehmen das Stift St. Florian. Damit einher geht die Errichtung einer Klosterschule. Es wird vermutet, dass hier Sängerknaben anwesend waren, die den lateinischen Kirchengesang musikalisch gestalteten.

21.8.1786
Kaiser Joseph II. erlässt ein Dekret, das den Choralgesang in Klöstern einschränkt. Chorsingen sei mit vielerlei Anstrengung des Körpers verbunden. Es würde den Bestimmungen der Klostergeistlichkeit entsprechen, wenn man junge Geistliche nicht durch einen schreienden Chorgesang der Gefahr, sich Leibesgebrechen zuzuziehen, aussetzte. Stattdessen solle es mäßigen Gesang oder ein lautes „Gebett" geben.

August 1837
Ein gewisser Anton Bruckner (damals 13) wird einer von damals drei Sängerknaben. Später kehrt Bruckner ins Stift zurück und komponiert dort einen Großteil seiner neun Sinfonien. Bruckner ist auch im Stift begraben.

Sommer 1938
Das Stift wird von den Nazis beschlagnahmt und in eine Rundfunkanstalt umfunktioniert. Die Schule wird geschlossen, die Zeit der Sängerknaben ist zu Ende.

20.11.1945
19 Sängerknaben kehren unter Stiftsorganist Johann Krichbaum in das Stift zurück.

DER KÖNIG AN DER GRENZE

Er ist Oberösterreichs höchster Gipfel. Und auch die Steirer machen Anspruch auf ihn geltend. Doch der Dachstein ist ein Berg für alle. Für Wanderer, Bergsteiger, Kletterer – und Touristen.

Von Gabriel Egger

Sie leuchtet blutrot. Als hätten die Felsen, die 1993 aus ihrer Süd- und Ostwand brachen, tiefe Wunden hinterlassen. Und trotzdem lässt die Große Bischofsmütze keine Zweifel über ihre Perfektion aufkommen. Schon gar nicht, wenn sie die ersten Sonnenstrahlen treffen. Von der Adamekhütte, 2.196 Meter über Meer und Alltag gelegen, sieht man sie erste Reihe fußfrei. Der Gosaukamm ist in diesem großen Freilufttheater aber nur ein Nebendarsteller. Die Hauptrolle ist dem König auf den felsigen Leib geschrieben. Knapp 800 Höhenmeter sind es noch, die den Wanderer hier vom Gipfel des Dachsteins trennen. Dabei wird er Grenzen kennenlernen.

Jene der Natur, die sich noch einmal aufbäumt, sich mit letzter Kraft wehrt und deren Reserven den Großen Gosaugletscher nicht mehr lange halten werden können. Die eigenen, weil der Weg vom Vorderen Gosausee zum Gipfel nicht nur steinig und schwer, sondern ohne Seilbahnunterstützung auch besonders lange ist. Und jene der Bundesländer Oberösterreich und der Steiermark, die sich über den 2.996 Meter hohen Gipfel erstrecken.

Der Berg der 1.000 Möglichkeiten

Wo das große Kreuz, das Dreitausender-Luft schnuppert, genau steht, darüber scheiden sich die Geister. Obwohl neueste Vermessungen den Gipfel klar auf oberösterreichischer Seite positionieren, ist der steirische Stolz ungebrochen. Und dass der Irg-Klettersteig auf dem Koppenkarstein im Jahr 2016 von der oberösterreichischen auf die steirische Seite verlegt werden musste, um naturschutzrechtliche Bedenken auszuräumen, brachte neuen Stoff für Stammtischdiskussionen.

Doch der Dachstein ist ein Berg für alle. Für Wanderer, die eine der zahlreichen Hütten ansteuern. Die Simonyhütte, benannt nach Friedrich Simony, dem 1847 die erste Winterbesteigung des Dachsteins gelang und dessen Name untrennbar mit dem Kalkmassiv verbunden ist. Oder das Wiesberg-

Nur vier Meter fehlen dem Dachstein zum Dreitausender.

haus, deren Schmankerl durch die einfache Verbindung von der Bergstation der Dachstein-Krippenbahn nicht nur Ausdauerathleten vorbehalten sind.

Der Dachstein ist ein Berg für Kletterer, weil die rötlich gefärbten Felsen seiner mächtigen 850 Meter hohen Südwand keine Wünsche offen lassen. Dafür wartet ein Muskelkater, wenn die letzte der 27 Seillängen des Steinerwegs auf dem Westgrat endet. Und auf dem Niederen Dachstein erleben Kletterer nicht nur Einsamkeit, sondern auch die Gewissheit, garantiert auf oberösterreichischer Seite unterwegs zu sein.

Gipfelfreuden in Schnee und Eis

Der Dachstein ist ein Klassiker. Einer, der Bergsteigern Hoch- und Glücksgefühle bereitet. Wenn sie die restlichen 800 Höhenmeter von der Adamekhütte hinter sich bringen. Vorbei am Torstein, dessen Eisrinne im Winter verwegenen Tourengehern zur Abfahrt auf zwei Brettern dient. Am Seil gesichert über den Gletscher zur Windlucke, wo die Stahlseile des Westgrats elegant zum Gipfel führen. Oder gegenüber, auf der anderen Seite, wo der Dachstein seine kalte Schulter zeigt. Schulter- und Randkluftsteig (1843 eingebohrt) gelten vor allem im Winter als Normalweg, sind sie doch von der Seilbahn-Bergstation des Hunerkogels nur eine Ratrac-Spur entfernt. Und wer von Obertraun zur Simonyhütte und weiter über den Hallstättergletscher zu Schulter- und Randkluft steigt, setzt – eines Königs würdig – der Hochtour die Krone auf. Aber der Dachstein zieht mit seinem rauen Charme auch Touristen magisch an. Ein Postkartenberg.

Zu schön, um wahr zu sein

Die Unnahbarkeit ging mit der Erschließung verloren, die Faszination blieb. Touristen sollen schon gefragt haben, wann am Zufluss der Gosauseen am Fuße des Dachsteins abends das Wasser abgedreht wird – sie konnten nicht glauben, dass dieser Kitsch natürlich ist. Von der Dachstein-Rieseneishöhle im Gemeindegebiet von Obertraun (das ist gesichert!) sind 800 der 2.700 Meter Gesamtlänge touristisch erschlossen.

Doch nicht zuletzt ist der Dachstein auch ein Berg der großen Charaktere. Toni Rosifka zum Beispiel, der 26 Jahre lang Pächter der Simonyhütte war und dessen Tochter Monika als Wirtin der Krippenstein-Lodge noch immer eng mit dem Berg verbunden ist. Oder Hans Gapp, der mehr als 30 Jahre lang die Geschicke auf der Adamekhütte lenkte. Er sei auf der ganzen Welt unterwegs gewesen, sagte er zu den OÖN vor seinem Abschied vom Berg. „Aber der Dachstein, der hat mich nie losgelassen. Auf mich übt er eine unbeschreibliche Faszination aus."

Ein Satz, den Wanderer, Kletterer, Bergsteiger und Touristen genauso stehen lassen würden.

ZAHLEN & FAKTEN

Der Dachstein

4 Meter
fehlen dem Dachstein um das Prädikat „Dreitausender" tragen zu dürfen. Er wird es verkraften. Vor allem deshalb, weil er bis in die 1970er-Jahre als „echter" Dreitausender galt.

443 Meter
hoch liegt der tiefste Punkt der Hirlatzhöhle. Sie liegt im nördlichen Teil des Massivs und ist mehr als 113 Kilometer lang. Unter den zehn tiefsten Höhlen der Welt liegt sie in den Top 10 – Platz neun für Oberösterreich.

1832
stand ein Mensch zum ersten Mal auf dem Dachsteingipfel, als Peter Gappmayer aus Filzmoos den höchsten Punkt erreichte. Zwei Jahre später führte er Karl Thurwieser auf den Gipfel – die erste touristische Besteigung.

2.740 Meter
hoch liegt die höchste Hütte auf dem Dachstein.

In der modernen Seethalerhütte treffen Ausflügler, die mit der Südwandbahn unterwegs waren, auf Bergsteiger und Klettersteiggeher.

Der höchste Punkt Oberösterreichs – und der Steiermark

DAS NEUJAHRSSCHNALZEN IN LINZ: „EINE KUNST, DIE MAN LERNEN MUSS"

Seit fast 100 Jahren wird in Linz das neue Jahr mit der alten Tradition des Neujahrsschnalzens begrüßt. Aber warum eigentlich?

Von Herbert Schorn

Das Schnalzen gehört in Linz zum neuen Jahr wie die Kirche auf den Pöstlingberg. Jedes Jahr stellen sich (im Idealfall) neun Personen mit ihren etwa 3,5 Meter langen und vier Kilo schweren Peitschen vor das Landhaus und schwingen sie so kunstvoll, dass ein lautes Knallen entsteht. Damit begrüßen sie das neue Jahr.

Doch wie kommt ein Brauchtum, das eigentlich im Salzburgischen und Bayerischen beheimatet ist, ausgerechnet nach Linz? Das ist Bauernburschen aus dem Mühlviertel zu verdanken, die sich 1912 zum Verein „Altstädter Bauerngmoa" zusammengeschlossen hatten, und den Brauch bei einem Ausflug kennenlernten. „Das Schnalzen gefiel ihnen so sehr, dass sie es selbst ausprobierten", erzählt Alfred Läpple, heute Obmann des Vereins. Am 1. Jänner 1925 war es so weit: Da knallten die Schnalzer zum ersten Mal öffentlich.

> *„Das Aperschnalzen ist ein Lärmbrauch, der den Winter vertreiben sollte."*
>
> *Thekla Weißengruber,*
> *Volkskunde-Expertin der*
> *Landes-Kultur-GmbH*

Heute werden zum Neujahrsschnalzen jedes Jahr einer der 14 oberösterreichischen Prangerschützenvereine inklusive der örtlichen Musikkapelle und Turmbläser eingeladen.

Hanfschnur und Schmiss

Das Schnalzen mag einfach aussehen – ist es aber nicht. Der Schnalzer schwingt die Peitsche rhythmisch in Form eines in der Luft liegenden Achters. „Durch die Richtungsänderung rollt sich die Spitze der Schnur aus und erzeugt einen lauten Knall", sagt Rudolf Weyermüller, der schon seit seinem achten Lebensjahr bei den Schnalzern dabei ist. Der Knall soll aufgrund der Überschallgeschwindigkeit entstehen: „Aber bewiesen ist das nicht", sagt der 55-Jährige.

Die Peitsche besteht aus einem Holzgriff, einer Hanfschnur und dem Schmiss, einer Art ausgefranster Kordel aus Kunstseide, die für den Knall verantwortlich ist. Der Schmiss wird immer wieder ausgetauscht. „Die Kunstseide hat sich bewährt, weil sie Nässe gut aushält und einen schönen Klang macht." Auch die geflochtene Hanfschnur ist gar nicht so einfach aufzutreiben. Es gibt

Rudolf Weyermüller mit seiner Peitsche

mit Alfred Schietz aus Gramastetten nur noch einen Experten, der sie herstellt.

> *„Für das Schnalzen braucht man viel Kraft und Geschick. Am besten ist es, wenn man die Technik schon als Kind erlernt."*
>
> *Alfred Läpple, Obmann des Vereins „Linzer Bauerngmoa"*

Um die Technik des Schnalzens zu erlernen, ist viel Übung notwendig: „Man braucht viel Kraft und Geschick", sagt Läpple. „Am besten ist es, wenn man die Technik schon als Kind erlernt." Das liegt daran, dass die rasche Bewegung mit dem langen Seil einiges an Überwindung kostet, vor allem beim Schwingen hin zum Körper, sagt Weyermüller: „Es ist eine Kunst, die man lernen muss."

„Posch" und „Austerne"

Besonders Anfänger fürchten, dass sie sich dabei verletzen – was bei Ungeübten schon vorkommen könne: „Aber viel mehr als ein paar Schrammen kann nicht passieren", so Weyermüller. Das Gute: „Wer es einmal kann, verlernt es nicht."

Trotzdem trainieren die Schnalzer jedes Jahr vor ihrem Auftritt zu Neujahr mehrmals auf einem großen Parkplatz. Einerseits, um wieder Kondition aufzubauen, andererseits, um sich aufeinander einzustimmen. Denn beim Schnalzen gibt es zwei Techniken: Entweder wird der Ton von allen Schnalzern gemeinsam erzeugt (der „Posch") oder gegenläufig (der „Austerne" – „aus der Reihe").

Das Aperschnalzen ist ein Lärmbrauch, erklärt Thekla Weißengruber, Volkskunde-Expertin der Landes-Kultur-GmbH: „Damit sollte der Winter vertrieben werden." Er werde vom 26. Dezember bis zum Fa-

Aufziehen – Kreisbewegung – Hinunterziehen – Kreis in die Gegenrichtung

schingsdienstag ausgeführt und sei wie viele Bräuche in der Barockzeit entstanden: „Damals richtete die Gegenreformation den Blick hin zum Menschen und zur Gemeinschaft."

Wie lange es das Schnalzen in Linz noch geben wird, ist aber ungewiss. Wie viele Brauchtumsvereine kämpft auch die Altstädter Bauerngmoa mit Nachwuchsproblemen. „Das Schnalzen ist ein seltener Brauch, den es nicht oft gibt", sagt Weyermüller. „Wenn wir diese Tradition nicht erhalten, stirbt sie irgendwann aus."

WIE ALLES BEGANN

Neujahrsschnalzen

Junge Mühlviertler brachten das Neujahrsschnalzen nach Linz. Die Burschen arbeiteten in Linz, wollten kulturell tätig sein und schlossen sich 1912 zum Verein „Altstädter Bauerngmoa" zusammen. Bei einem Ausflug ins Salzburgische lernten sie das Aperschnalzen kennen und übernahmen den Brauch. Seit dem 1. Jänner 1925 wurde so das neue Jahr auf dem Platz vor dem Landhaus in Linz begrüßt.

Das Aperschnalzen stammt aus dem salzburgisch-bayerischen Raum. Der Brauch wurde erstmals 1796 von Lorenz Hübner beschrieben, möglicherweise wird er bereits seit 1730 ausgeführt. Entstanden ist er bei Fuhrleuten, Bauern und Landarbeitern. Sie wollten ihren kunstvollen Umgang mit Peitschen zeigen, die sie zum Antreiben von Pferden und Kühen brauchten. Das Wort Aperschnalzen kommt vom Begriff „aper"(schneefrei); das Aperschnalzen galt daher als Lärmbrauch, der den Winter vertreiben und die unter der Schneedecke liegende Saat zu neuem Leben erwecken sollte.

Die Richtungsänderung macht den Schnalzton.

ERDÄPFELKAS – MAN MACHT ES IMMER RICHTIG

Erdäpfel, mehlig oder speckig? Rührt man Schlag-obers oder Sauerrahm in die Masse? Welche Gewürze? Alles ist erlaubt und möglich. Haupt-sache, der Erdäpfelkas, die Jause der Jausen, ist fix dabei.

Von Philipp Braun

Diskutierten Sie schon einmal mit Italienern über die einzig wahre Zubereitung von Ragù alla bolognese? Bei Oberösterreichern und Erdäpfelkas verhält es sich ähnlich. Beginnen Sie ein Gespräch über die landestypische Jause und der Gesprächsbedarf für den restlichen Tag ist gedeckt.

Eigentlich ist Erdäpfelkas eine simple, wenngleich unglaublich köstliche Jause, die mit wenigen Zutaten zubereitet wird: Erdäpfel, Milchprodukte, Gewürze. Das wär's. Doch spitzfindige Kulinariker lassen sich damit nicht abspeisen. Erdäpfel ja, aber kocht oder dämpft man die Knollen? Verwendet man festkochende, vorwiegend festkochende oder mehlige Erdäpfel? Und dann wäre noch die Sortenvielfalt zu nennen: Mehr als 5.000 zählt man weltweit, im Eferdinger Becken werden 55 kultiviert. „Jeder Erdapfel hat einen anderen Geschmack. Würzig, manchmal nussig, das ist das Schöne daran", sagt Manfred Schauer, Obmann der Erzeugergemeinschaft Eferdinger Landl-Erdäpfel.

Hat man sich einmal für die richtige Sorte entschieden, geht der Entscheidungsprozess weiter: Soll man die zerkleinerten Erdäpfel (Presse oder Gabel?) mit Schlagobers, Sauerrahm, Milch oder Butter verfeinern? Das mollige Obers verleiht mehr Opulenz, andere schätzen mehr die feine, zurückhaltende Note des Sauerrahms, auch Joghurt verpasst dem Aufstrich ein wohlfeines Aroma. Ach ja, und welche Gewürze besonders gut harmonieren (oder nicht), wäre ein weiterer Diskussionspunkt.

Ein Gedicht der Möglichkeiten

Findige Mathematiker erkennen schnell, dass es tausende Variationen von Erdäpfelkas gibt. Aber welche Kombination gewinnt den Jausenpreis? Grund genug, die Erdäpfelbäuerin Regina Schöffl aus Hartkirchen und Manfred Schauer nach ihren Lieblingsrezepten zu fragen.

Regina Schöffl ist als Bäuerin und leidenschaftliche Köchin per Du mit Erdäpfeln und Erdäpfelkas. „Für mich ist das Genuss und Gastfreundschaft", sagt Schöffl. Sie steht in der offenen Küche von Manfred Schauer, vor ihr stapeln sich ein paar Erdäpfel, daneben Schüsseln mit Rahm und Obers, Gewürze und etwas buntes Gemüse zum Belegen. Während die Bäuerin die

Die Vielfalt der bunten Erdäpfel

ersten Erdäpfel presst, beginnt sie zu erzählen: „Wenn Besuch kommt, nehme ich lieber mehlige. Gedämpft. Das ist nährstoffschonend. Ich presse die Erdäpfel in warmem Zustand und verrühre alles mit Obers, Rahm und Milch. Dann wird es cremiger."

> *„Man kann nahezu nichts falsch machen. Was man daheim im Kühlschrank hat, kann verwendet werden."*
>
> *Regina Schöffl, Erdäpfelbäuerin*

Prinzipiell wäre damit die Anleitung vorgegeben, die freilich nicht nach „Malen nach Zahlen" zu verstehen ist. Denn Kreativität, Individualität und Spontaneität verleihen dem Erdäpfelkas eine bessere Note. Es ist viel erlaubt. Auch speckige Erdäpfel sind für Schöffl kein Problem. „Wenn zwei, drei Erdäpfel übrig bleiben, drück ich diese mit der Gabel durch, patze mir die Presse nicht an, vermische sie mit Milch, Rahm und Obers, bissl würzen und fertig."

Die Gabeltechnik ist zwar schnell und unkompliziert, hinterlässt allerdings nicht so eine feine Konsistenz wie die Presse. Hier scheiden sich erneut die Geister: Die einen mögen es rustikaler und etwas vom Erdäpfel spüren, die anderen bevorzugen den noblen Aufstrich.

Große Differenzen bestehen in der Würzung. Puristen salzen, pfeffern und streuen am Ende fein geschnittenen Schnittlauch darüber. Zu wenig Aroma, kontert die Zwiebel- und Knoblauchfraktion, die gelegentlich auch noch Kümmel oder ein paar Kräuter untermischt. Einig sind sich viele beim Paprika. Wenn, dann nur zum Schluss und niemals in den Erdäpfelkas unterrühren. Sonst besteht Gesprächsbedarf. Wie bereiten eigentlich Sie Ihren Erdäpfelkas zu?

REZEPT

Erdäpflkas

Rezept von Regina und Manfred

Zutaten

Ca. ½ kg Erdäpfel, vorzugsweise mehlige, 1 Teelöffel Salz, 200 g Sauerrahm, 150 ml Schlagobers, rund 60 ml Milch, evtl. Kräuter z.B. Schnittlauch, Oregano, Ysop, Minze, Paprika- oder Chilipulver

Zum Belegen: rote Zwiebelringe, geraspelte Karotten oder Winterrettich (bunt)

Zubereitung

Erdäpfel über Dampf ca. 40 Minuten garen, Erdäpfel müssen bis zum Kern weich sein und am Gaumen „zergehen".

Warm schälen, durch die Kartoffelpresse drücken. Erdäpfel können auch mit der Gabel zerdrückt werden. Salzen. Sauerrahm und Schlagobers mit der Gabel unterrühren – idealerweise in die noch warmen Erdäpfel. Mit Milch übergießen und einrühren, so viel, bis eine cremige Masse entsteht. Variiert je nach Erdäpfelsorte, manche Erdäpfel „saugen" die Milch direkt auf. Kräuter klein schneiden oder getrocknete Kräuter verwenden und in die Masse einrühren. Kühl stellen oder gleich warm genießen!

Nach dem Kühlen nochmals abschmecken. Wenn der Erdäpfelkas zu fest ist, Schlagobers unterrühren.

Zwiebel klein schneiden und unmittelbar vor dem Anrichten unterheben oder die bestrichenen Brote damit garnieren.

WIE ALLES BEGANN

Der Erdäpfelkas

Der Erdäpfelkas wurde ursprünglich für die Erntehelfer bei der Erdäpfelernte aufgetischt. Der Kochbuchautor Franz Maier-Bruck schreibt in seinem Nachschlagewerk „Vom Essen auf dem Lande. Klassische Bauernküche und Hausmannskost": „In Eberschwang war der Erdäpfelkas besonders zur ‚Maschinjaus'n' (Jause beim Maschindreschen) begehrt; dabei wurde er für die ‚Weiberleut' aus noch heißen Erdäpfeln zubereitet, darauf gab man in

Schmalz braun geröstete feingehackte Zwiebeln. Die Männer bekamen ihn kalt und mit Pfeffer bestreut." Maier-Bruck zitiert Karoline Bögl aus Hof in Eberschwang: „Wenn man vü Bud (viel Butter) dazurührte, war's a köstliche Sach!"

Heute ist Erdäpfelkas fixer Bestandteil einer typischen oberösterreichischen Jause. Der Siegeszug in andere Bundesländer bleibt dem Aufstrich (mit wenigen Ausnahmen) verwehrt. Weder in namhaften Nachschlagewerken wie dem Franz-Ruhm-Kochbuch noch in „der guten Küche" von Ewald Plachutta und Christoph Wagner findet man ein Rezept.

Und so halten sich laut verschiedenen mündlichen Überlieferungen noch die Mythen, dass zum Beispiel Gäste aus Wien vermuten, Erdäpfelkas sei eine Käsesorte. Der Zusatz deutet allerdings darauf hin, dass der Aufstrich milchig-süß schmeckt.

Erdäpfelkas-Mahl bei Regina und Manfred

DIE FLEDERMÄUSE UND DIE KELLERGRÖPPE

Lange bevor es Kühlschränke gab, wussten sich die Menschen anderweitig zu helfen, um Lebensmittel und Getränke über den Sommer zu kühlen. Wie, das ist auf eine einzigartige und faszinierende Weise in der Kellergröppe in Raab zu sehen – und zu erfahren.

Von Manfred Wolf

Wenn etwas auf Sand gebaut ist, dann ist das meistens kein gutes Zeichen. Die Raaber Kellergröppe ist aber nicht nur auf, sondern sogar in den Sand gebaut, und doch hat sie die Jahrhunderte überdauert. Aber was ist die Kellergröppe überhaupt? Wir treffen uns mit Ernst Spannlang, Obmann des Vereins der Raaber Museen. Er erklärt ...

Entlang eines rund 400 Meter langen, gepflasterten Hohlwegs haben die Menschen vor Jahrhunderten insgesamt 26 Keller in den Sand gegraben – von fünf bis zu 70 Meter reichen diese, ebenerdig, in das Erdreich hinein. Sie geben Aufschluss darüber, wie in einer längst vergessenen Zeit die Menschen ihre Lebensmittel – und im Falle von Raab – ihr Bier gelagert und gekühlt haben.

In einem dieser Keller, dem Eiskeller, ist ein Museum eingerichtet, in dem dies alles dokumentiert ist. Einzig: Momentan, im Februar, ist dieser Eiskeller gesperrt, niemand darf hinein. Wegen der Bechsteinfledermäuse. Zwei dieser seltenen Tiere haben nämlich – wie jedes Jahr – hier ihr Winterquartier bezogen. Und immer, wenn die Fledermäuse kommen, dann ist die Museumssaison in der Kellergröppe beendet. Ein Glück, dass wir schon öfter im Eiskeller waren, so bleibt ein Einblick in dieses museale Kleinod nicht im Verborgenen ...

Ein kurzer, mit Backsteinziegeln ausgekleideter Einstieg führt in die sandige Höhle, in der sich sogleich das erste Faszinosum offenbart: Der Sand ist über Jahrmillionen so hart wie Beton geworden, und doch bekommt, wer vorsichtig mit den Händen über die Wände streicht, sandige Hände. Der Boden ist weich wie ein Teppich. Einsturzgefahr besteht keine – zumindest ist das seit 400 Jahren nicht passiert.

„Luxuskeller" mit Backsteingewölbe in der Kellergröppe

Dutzende Meter tief

Der Eiskeller ist einer von diesen insgesamt 26 Kellern, die vor Jahrhunderten in den harten Sand gegraben wurden. Knapp 50 Meter ist er tief. Schautafeln und mannsgroße Figuren veranschaulichen, wie einst das Eis „geerntet" wurde. Mit Äxten wurden Löcher ins Eis der zugefrorenen, nahen Weiler geschlagen, dann wurden mit Sägen meterlange Blöcke herausgeschnitten und mit Schlitten in die Keller transportiert.

Während in den längeren Kellern Bier gelagert wurde und die kleineren, bis zu fünf Meter langen Keller seit jeher Privatkeller waren, diente der Eiskeller als Umschlagplatz. Hier wurde das Bier der 1912 zu „Schatzl-Bier" fusionierten drei Raaber Brauereien ausgegeben. Auch das Eis wurde feilgeboten, an Wirte, Fleischverarbeiter, Lebensmittelhändler ...

> **„Die Temperatur bleibt konstant bei acht Grad – Sommer wie Winter."**
>
> *Ernst Spannlang, Obmann des Vereins Raaber Museen*

Gelagert wurde das Eis in einem Seitenkeller, dem „Eisloch". Ein großer Raum, der bis obenhin voll mit Eisblöcken war. Bis weit in den Sommer hinein hatte es hier Temperaturen von null Grad Celsius. Lüftungslöcher, die acht Meter bis an die Oberfläche reichen, versorgen die Keller mit Frischluft.

Und noch so ein Faszinosum

Das mit den Temperaturen ist noch so ein Faszinosum. Egal wann, in den Kellern in Raab hat es immer acht Grad. „Durch den Klimawandel kann es in den heißen Sommermonaten zwar schon mal neun Grad haben", sagt Spannlang. „Aber ansonsten bleibt die Temperatur konstant bei acht Grad – Sommer wie Winter."

Diese Konstanz war der Grund, warum sich um 1600 im Ort gleich drei Brauereien etabliert haben, die bis nach Linz und Wien Bier lieferten. War das Brauen andernorts aufgrund der fehlenden Kühlmöglichkeit nur im Winter möglich, ging das hier zu jeder Jahreszeit. Ein Wettbewerbsvorteil, dem erst die Erfindung von Eismaschinen einen Strich durch die Rechnung machte – und die Schatzl-Brauerei hatte den Vorteil dieser Erfindung schon früh erkannt.

Spätestens aber mit den sich allerorts verbreitenden „Dorfkühlhäusern" in den 1950er-Jahren gehörten solche Eiskeller, die es in vielen Orten gab, der Vergangenheit an. In diesen Kühlhäusern konnten Familien – einzeln oder gemeinsam – ein Eisfach zum Einfrieren von Lebensmitteln mieten.

Die Kellergröppe wurde dennoch weiterhin als Lagerplatz verwendet. Auch nach 1932,

Kühl gelagertes Schatzl-Bier

als das Braupatent der Familie Schatzl mangels Erben an die Familie Poschacher („Linzer Bier") verkauft worden war. Doch in den 1970er-Jahren war endgültig Schluss – es gab mittlerweile allerorts elektrische Kühlmöglichkeiten.

Die privaten Keller entlang der Gröppe sind immer noch in Verwendung – Temperatur und Klima sind bestens geeignet, um Vorräte zu lagern. Sie sind teils auch liebevoll ausgestattet. Allerdings sticht jener, der einst der Braufamilie Schatzl gehörte, mit seinem Backsteingewölbe hervor. Hier wurde übrigens einst Most gelagert – das Presshaus befand sich direkt darüber, der Most wurde durch einen Schacht direkt in den Keller geleitet und in Fässern abgefüllt.

Bald sind Schatzl- und Eiskeller wieder zu besichtigen. Ende März, Anfang April vielleicht – genau lässt sich das nicht sagen. Das hängt davon ab, wie lange die Fledermäuse hier noch abhängen ...

WIE ALLES BEGANN

Die Kellergröppe

Das Wort Gröppe ist nur sehr regional in Verwendung, allerdings findet sich in Grimms Wörterbuch der Ausdruck „Greppe" im Zusammenhang mit „Grube" und „graben".

1588

In diesem Jahr wurde in Raab die erste Brauerei gegründet, die Lindingerbrauerei. Im Jahr darauf kam die Schatzlbrauerei dazu, 1609 die Neumayrbrauerei. Die drei Brauereien erfreuten sich rasch eines guten Rufes.

1620

Was für Weingegenden typisch ist, ist in Oberösterreich eine Besonderheit: Tiefe Kelleranlagen, fünf bis 70 Meter lang, die in einen Hügel gegraben wurden, um Bier zu lagern. Wann genau, weiß heute niemand mehr, erstmals erwähnt wurde die Raaber Kellergröppe 1620. Der Ursprung, sagt Ernst Spannlang, geht wohl auf Erdställe aus dem Mittelalter zurück.

1900

Um diese Zeit begann das Ende der Blütezeit der Raaber Brauereien – 1910 fusionierten sie zu einer Brauerei.

1932

Das Ende: Der Betriebsinhaber der Raaber Brauerei stirbt, die Brauerei wird geschlossen. Fast 300 Menschen waren hier beschäftigt, die Produktion betrug rund 18.000 Hektoliter Bier.

1996

Die Kellergröppe wird unter Denkmalschutz gestellt.

2012

Der Gastwirt Wolfgang Schraml braut in Raab wieder Bier.

DAS MOHNFLESSERL – ABER BITTE MIT SALZ!

Ein heller Zopf mit schwarzen Pünktchen obendrauf: Das Mohnflesserl ist typisch oberösterreichisch – sowohl der Herkunft als auch dem Namen nach.

Von Julia Evers

> *„In der Stadt Linz ist ein gar eigentümliches Gebildbrot üblich, welches ‚Flössel‘ oder, wenn mit Salz oder Mohn bestreut, auch ‚Mohnflössel‘ oder ‚Salzflössl‘ genannt wird."*
>
> *Max Höfler, Volkskundler*
> *(1848–1914)*

„Ein Mohnflesserl bitte!" Tausendfach wird dieser Wunsch jeden Tag in Österreichs Bäckereien geäußert – „unser zweitbeliebtestes Gebäckstück nach dem Semmerl", sagt der Linzer Bäckermeister Franz Brandl.

Dass die Bitte um ein Mohnflesserl gleichsam eine Offenbarung ihrer Herkunft ist, wissen dabei wohl die wenigsten, die sich um das helle Gebäckstück mit der dunkel bestreuten Oberfläche anstellen. Denn das Flesserl ist etwas Ur-Oberösterreichisches. In Wien ist es unter Mohnstriezerl oder Mohnweckerl bekannt, in Kärnten wird nach einem Mohnzopf gefragt, das Flesserl ist nur in unseren Breiten bekannt.

Entwickelt hat es sich aus dem „Linzer Flössel" – oder wie Max Höfler 1902 in der Zeitschrift für österreichische Volkskunde schrieb: „In der Stadt Linz ist ein eigentümliches Gebildbrot üblich, welches ‚Flössel‘, oder, wenn mit Salz oder Mohn bestreut, auch ‚Mohnflössel‘ oder ‚Salzflössl‘ genannt wird."

Viereckig und dreireihig

Dieses Bestreuen mit Salz verweist historisch auf Oberösterreich als wichtiges Salzland – heute ist es etwas, das dem oberösterreichischen Gebäck eigen ist und im Land ob der Enns der Variante ohne Salz bei den Verkäufen den Rang abläuft.

Das Vorgängermodell des Mohnflesserls sah allerdings anders aus. Forscher Roman Sandgruber beschreibt es als ein flaches, viereckiges, eher langes als breites, aus drei oder vier Reihen von Teigflechten bestehendes Gebäck, das in der Form an Flöße erinnerte. Er ordnet es als Zunftzeichen und Gebildbrot der Flößer ein, die auf der Donau und ihren Nebenflüssen bis ins beginnende 20. Jahrhundert eine so wichtige Rolle spielten. Durch den Handel war das Gebäck, dessen Verbreitung ursprünglich auf Oberösterreich beschränkt war, im östlichen Österreich, aber auch in Salzburg bekannt geworden.

Andere Annahmen verweist Sandgruber ins Reich der Legenden: Von der älteren Volkskunde werden Zopfgebäcke oft mit uralten Opferbräuchen in Zusammenhang

Erst eine Rolle formen, dann den Zopf flechten

gebracht. Haarzöpfe, die im Wasser oder Moor versenkt worden seien oder auch in Wallfahrtskirchen als Dank- und Bittopfer hinterlegt wurden, hätten auf symbolische Weise ältere Menschenopfer ersetzt. Und in gleicher Art sei noch später der Haarzopf durch einen aus Teig geflochtenen Zopf als Opfergabe ersetzt worden. Doch darauf gebe es beim Linzer Salzflössel keine Hinweise.

Als Franz Brandl sein erstes Mohnflesserl gebacken hat, war ihm dessen historische Bedeutung noch herzlich egal, er wollte sein Taschengeld damit aufbessern. „Ich habe im Stiegenhaus mit Schulfreunden einen kleinen Stand aufgebaut und dort den Verwandten und den anderen Hausbewohnern das Gebäck verkauft, das wir davor gemacht hatten."

Jetzt formt er ein Mohnflesserl in wenigen Sekunden. Er rollt den vorbereiteten Teig aus und – zack – hat er ein Mohnflesserl geflochten. „Keine Hexerei!", sagt Brandl und lacht. „Das ist die jahrelange Übung. Mohnflesserl gehören auf jeden Fall zu den leichteren Aufgaben. Bis sie das erste

> *„Mohnflesserl gehören auf jeden Fall zu den leichteren Aufgaben. Bis sie das erste Semmerl g'scheit hinkriegen, brauchen die meisten viel länger."*
>
> *Franz Brandl, Bäcker in Linz*

Alles in liebevoller Handarbeit!

Semmerl g'scheit hinkriegen, brauchen die meisten viel länger."

Produktion mitten in der Nacht

Wie überhaupt in der Bäckerei Brandl ist die Berücksichtigung der Zeit, die ein Teig braucht, ein großes Anliegen. Bereits um halb zwei in der Früh fängt der erste Bäcker an und rührt die Teige an. Um 4 Uhr kommen dann die restlichen Bäcker in die Backstube und beginnen die vielen Gebäckstücke zu formen – jedes einzelne per Hand.

Was ist genau drinnen in so einem Gebäck, woher kommen die Inhaltsstoffe, wie werden sie verarbeitet? Franz Brandl freut sich, dass das Bewusstsein für qualitativ hochwertig hergestellte Backwaren in der Bevölkerung in den vergangenen Jahren stetig gestiegen ist: „Wir leben von der Region und für die Region", formuliert er sein Motto.

Außerdem wird jeden Tag nur so viel produziert, wie dann auch verkauft wird – weggeschmissen wird nichts. Und schon gar kein Mohnflesserl.

REZEPT

Mohnflesserl
Rezept von Bäckermeister Franz Brandl

Zutaten
Vorteig: 100 g Weizenmehl unbehandelt Type 480, 75 g Wasser (15 Grad), 2 g Hefe

Hauptteig: 177 g Vorteig, 500 g Weizenmehl unbehandelt Type 480, 60 g Bio-Milch (20 Grad), 240 g Wasser (20 Grad), 15 g Hefe, 10 g Malz flüssig, 15 g Bio-Butter, 10 g Salz

Zubereitung
Für den Vorteig Mehl mit Wasser und Hefe zu einem Teig mischen. Mit Frischhaltefolie abgedeckt ca. 12 Stunden im Kühlschrank lagern (bis zu 48 Stunden möglich). Für den Hauptteig die Hefe im Wasser auflösen, dann mit dem Vorteig und allen anderen Zutaten in der Küchenmaschine 9 Minuten langsam und 3 Minuten schnell zu einem glatten Teig kneten, der sich von der Schüsselwand lösen soll.

Den Teig auf einer bemehlten Arbeitsfläche abgedeckt 15 Minuten ruhen lassen. Teigstücke von ca. 60 Gramm abstechen und auf einem bemehlten Brett zu glatten Kugeln formen. Die Teiglinge 15 Minuten mit einem Tuch abgedeckt ruhen lassen. Nun jeden Teigling zu einem Strang ausrollen und zu einem Flesserl formen, wie auf dem Bild.

Die fertig geformten Flesserl auf ein Blech setzen und 15 Minuten mit einem Tuch abgedeckt bei 24 Grad zur Gare stellen. Die Länge der Ruhezeit ist von der Luftfeuchtigkeit und Raumtemperatur abhängig. Die Teiglinge mit Wasser abstreichen oder ansprühen und in Mohn oder Mohn/Salz tauchen und erneut 20 Minuten auf Gare stellen. Mit Schwaden in den auf 250 Grad vorgeheizten Backofen schieben. Nach 5 Minuten die Backtemperatur auf 230 Grad reduzieren. Nach weiteren 12 Minuten die Ofentüre kurz weit öffnen, den Schwaden ablassen und die Flesserl noch 3 Minuten zu einer goldgelben Farbe fertig backen.

DER JAHRMARKT DER GROSSEN TRADITION

Zwei Mal im Jahr wird es laut mitten in Linz, wenn die Besucher auf den Urfahraner Markt am Donauufer strömen. Die Tradition machen auch die Menschen aus, die zum Markt gehören.

Von Reinhold Gruber und Bernhard Lichtenberger

Wenn die Gedanken um den Urfahraner Markt kreisen wie die Gondeln des Riesenrades um dessen Nabe, werden persönliche Erinnerungen wach, die sich nicht selten mit der kollektiven Rückblende decken. Klebrige Finger, die an der Zuckerwatte zupfen; die Duftnoten von Langos, Bratwürstel, Grillhendl, Bier und Schweiß, die zu einem rustikale n Parfüm verschmelzen; der Gemüsehobel-Zauberer und Pfannenanpreiser, der sich mit köstlichem Schmäh die Kundschaft einbrät; das pubertäre Hochgefühl, das fliegende Röcke in der Tagada-Drehschupfn bei männlichen Pickelträgern auslösen; der ködernde Ruf „Chips bitte an der Kassa lösen!"

Mit einem kaiserlichen Papier wurde im Jahr 1817 die Existenz des Urfahraner Marktes begründet. Mit der Zeit ist auch auf dem Linzer Tummelplatz der Lustbarkeiten einiges vergangen: Statt des ersten Schankburschen Pepi, der das Bier (übrigens erst ab 1911) aus wuchtigen Holzfässern zapfte, zischt der Hopfensaft heute im Akkord vollautomatisch aus dem „Bierjet". Wozu wir Riesenrad sagen, wurde einst „Der Russ" genannt, und aus dem Café-Zelt wurde das Weinzelt. Der Schmankerltreff wurde die Edelweiß-Alm. Bei aller Veränderung kennt der Markt, den die Jungen zum „Urfix" verkürzen, dennoch Konstanten. Dazu zählen die Schaustellerfamilien Rieger, Schlader, Avi, Straßmeier und Deisenhammer.

Gewinn beim Kugelstechen

Es sind die Menschen, die den Markt prägen. Menschen wie Bernd Zartl. Dieser könnte sich auch Reisender ohne festen Wohnsitz nennen. Denn er ist irgendwie überall zu Hause. In zweiter Generation hat sich der Schausteller mit Heimatstadt Graz auf Spielbuden spezialisiert.

Übersehen wird man ihn damit auf dem Urfahraner Markt nur schwer. Seine Vergnügungsbetriebe tragen Namen wie „Kugelstechen" oder „Verlosung" und haben mit acht Metern Höhe und elf Metern Länge schon beeindruckende Ausmaße. Hier wird nicht die Sehnsucht nach dem Adrenalin-Kick gestillt, dafür gibt es für bares Geld etwas zu gewinnen: die größten Stofftiere weit und breit etwa, wie Zartl seine zwei Meter großen Kuschelobjekte nennt.

„Die Kinder sind die Zugpferde", erzählt der Schausteller, aber da kommen natürlich auch die Eltern ins Spiel – und grundsätzlich „alle, die etwas zum Kuscheln suchen". Aus der Mode gekommen ist das altmodisch erscheinende Gewinnspiel nie. „Die Menschen sind immer noch interessiert daran. Sie wollen etwas gewinnen", sagt er. Da ist es auch egal, ob sie vorher dafür Geld ausgeben müssen. Das würde ja auch zum Jahrmarkt gehören.

Den Urfahraner Markt in Linz schätzt Zartl. Und er freut sich, viele seiner Stammgäste wiederzusehen. Solche, die bereits als Kinder da waren und jetzt mit ihren Kindern bei ihm vorbeischauen. Was den gelernten Karosseriebauer am Schausteller-Beruf fasziniert? „Ich bin immer unterwegs und lerne permanent neue Leute kennen." Jedes lachende Gesicht betrachtet er als seinen Lohn.

Reisender in dritter Generation

Auch für Alfred Winkler ist der Schausteller-beruf eine Frage der Familien-Ehre. „In drit-ter Generation bin ich Reisender", sagt er, der keinen Grund sieht, seiner Passion bald den Rücken des Pensionisten zu zeigen. „Ich freue mich jedes Mal, wenn ich Menschen eine Freude machen kann." Beim Wald-viertler sind es seit jeher die Kinder, denen sein Hauptaugenmerk gilt. Das war schon früher so, als er mit dem Ponyreiten auf den Jahrmärkten des Landes unterwegs war.

„35 Jahre lang bin ich mit Pferden ge-reist, davon träume ich heute noch", sagt Winkler, und in seiner Stimme schwingt die Freude und Begeisterung mit, die er für die Tiere empfindet. Vier Pferde nennt er heu-te noch sein Eigentum, doch unterwegs ist

> *„Der Urfahraner Markt in Linz ist ein altes, traditionelles Fest, das seine ganz eigene Ausstrahlung hat. Ich bin sehr gerne hier."*
>
> *Alfred Winkler, Schausteller*

er mit ihnen nicht mehr. Zu viele Auflagen, sagt er.

Auf dem Urfahraner Markt wird Winkler auch nicht mit einem seiner insgesamt 15 Kinderkarusselle vertreten sein, sondern „nur" mit drei Hüpfburgen, einem Kinder-Tagada und einem Jump-Trampolin. „Die Kinder wollen sich bewegen." Dieser Drang reiche immer noch aus, um bei aller Kon-kurrenz der digitalen Verführungen des täglichen Lebens anziehend zu wirken. Fad wird dem Schausteller während der Markt-tage nie.

Auch nach „50 Jahren Beitragszahler" hat er die Lust am Schaustellerberuf nicht ver-loren. Den Urfahraner Markt sieht Winkler als ein „altes, traditionelles Fest", das seine ganz eigene Ausstrahlung hat. „Ich bin sehr gerne in Linz, weil der Jahrmarkt hier schön und traditionell ist."

Und Winkler erfüllt sogar einen kleinen Bildungsauftrag: „Ich freue mich jedes Mal, wenn Kinder staunen, weil sei nicht mehr wissen, was ein Karussell ist." Das sollte aber nie vergessen werden.

Bernd Zartl, Schausteller aus Leidenschaft

Buntes Leben am Urfahraner Markt

WIE ALLES BEGANN

Der Urfahraner Markt

1817

Am 20. März erteilte Kaiser Franz I. den Urfahranern per Urkunde das Privileg, zwei Mal im Jahr einen zwei Tage währenden Jahrmarkt abzuhalten.

1818

Im Mai fand der erste belegte Jahrmarkt statt, bis 1860 auf dem nicht mehr existierenden „Platzl" am Urfahraner Brückenkopf, danach in der nahen Ottensheimer Straße und ab 1861 auf

dem Rudolfsplatz (heute nach dem Schutzbundführer und Widerstandskämpfer Richard Bernaschek benannt).

1902

Der Jahrmarkt übersiedelte an die Urfahraner Donaulände.

1919

Mit der Eingemeindung Urfahrs wurde Linz vertraglich verpflichtet, den Markt „für alle Zeiten" aufrechtzuerhalten und zu fördern.

1945

Im letzten Jahr des Zweiten Weltkriegs gab es keine Märkte.

1954

Neben Marktständen und Buden wurde erstmals eine große Zelthalle aufgestellt, in der 120 Firmen ihre Produkte feilboten.

1960

Um des Publikumsandrangs Herr zu werden, wurde das Gelände von 35.000 auf 66.000 Quadratmeter vergrößert.

1978

Die Striptease-Bude im Herbst blieb ein einmaliges Schau-Erlebnis.

2012

690.000 Besucher beim Frühjahrsmarkt bedeuteten Rekord.

MOORSCHWESTERN, FUCHTLMANDL UND DIE „DAUNERAU"

Das Tanner Moor bei Liebenau im Mühlviertel ist das größte Hochmoor Österreichs, Heimat der „vier Moorschwestern", „Fuchtlmandln" und Kreuzottern. Aber nicht der Tannen.

Von Manfred Wolf

Bevor wir das Tanner Moor betreten, räumen wir einen Irrtum aus: Nein, „Tanner Moor" hat nichts mit Tannen zu tun. Ohnehin tut das Wort „Tanner Moor" den Einheimischen im Ohr weh. „Daunerau" heißt das und bedeutete im Keltischen so viel wie „befestigter Ort". Einen Ort gab's auf dem Moor zwar nie, aber eine keltische Kultstätte wird vermutet, sagt Helmut Atteneder, Heimatforscher und ehemaliger Lehrer in der „Liamau". Dass es die „Daunerau" überhaupt noch gibt, das verdanken wir übrigens ihm, dem „Heli". Weil, wenn er nicht gewesen wäre, dann wäre das 120 Hektar große Moor heute nicht mehr Heimat seltener Tiere, Insekten und Pflanzen, sondern ein Abbaugebiet für Gartenerde – oder sogar ein vom Borkenkäfer befallener Fichtenwald. Ende der 1970er-Jahre hatte nämlich die Chemie Linz ein Auge auf das Moor geworfen, aber nicht wegen der Schönheit, sondern wegen des Profits. Das ging für den Helmut gar nicht, er setzte Himmel und Hölle in Bewegung. Auch auf die Unterstützung der OÖN konnte er sich verlassen. 1983 wurde das Tanner Moor dann zum Naturschutzgebiet erhoben.

Vorsicht, Kreuzottern!

Vom Helmut hören wir später mehr, jetzt treffen wir einmal die Daniela Wansch, hiesige Volksschuldirektorin und Naturschauspiel-Vermittlerin. Beim vorgelagerten Rubener Teich, der 1809 für die Scheiterschwemme angelegt wurde, kommt sie uns mit ihrem Wanderstock entgegen und begleitet uns ins Moor, durch das ein sechs Kilometer langer Weg führt. Normalerweise geht sie mit Kindern hier auf Schatzsuche

> *„Bei Wind haben die Irrlichter getanzt ... die Menschen dachten, es seien arme Seelen."*
>
> *Helmut Atteneder,*
> *Heimatforscher*

und hebt Pretiosen floraler und faunistischer Natur. Sie warnt: „Am Weg bleiben, weil ungefährlich ist es nicht." Kreuzottern lieben das Moor. Dass im Vorjahr ein Mann bis zur Brust eingesunken ist, erzählt sie auch. Beim Preiselbeerbrocken hat er den Weg verlassen.

Preiselbeeren, die gibt es hier in Hülle und Fülle. Auch Heidel-, Moos- und Rauschbeeren – „die vier Mooschwestern". Letztere lockt den gefährdeten Hochmoorgelbling an, der seine Eier nur auf ihre Blätter legt. Der ebenfalls gefährdete Hochmoorbläuling flattert auch herum – er ernährt sich von den „vier Moorschwestern". Das Hochmoor zeichnet sich übrigens durch die Latschen aus, also das Dickicht, nicht die Pfützen. Rund um das Moor stehen Fichten und Moorbirken. Dass sich die Fichten mittlerweile auch ins Hochmoor wagen, zeige, dass das Moor nicht mehr intakt sei. Denn diese Bäume bräuchten Nährstoffe, die es hier eigentlich nicht geben dürfte – zu niedrig sei der pH-Wert eines gesunden Hochmoors, das nur spezielle Pflanzen begünstigt, wie die vier Schwestern halt – aber auch Rosmarinheide, Scheidiges Wollgras und die Bergkiefern, also Latschen. Damit der Boden, der durch Klimawandel und künstliche Entwässerung im 19. Jahrhundert leidet, wieder in Einklang kommt, wird er derzeit renaturiert.

Das Torfmoos arbeitet

Auf eine große Latschn neben dem Weg, jetzt eine Lacke, macht uns Wansch aufmerksam – noch im Niedermoorbereich. Eine von Kyrill entwurzelte Fichte liegt hier. Dort, wo sie einst stand, hat das Moor längst zu arbeiten begonnen. Sie zeigt auf das sattgrüne Torfmoos, das das Moor über Jahrtausende in die Höhe hat wachsen lassen. Zehn Zentimeter pro Jahr. Am Ende des Jahres wird es durch den Schneedruck auf einen Millimeter zusammengedrückt – um so viel wächst das Moor jedes Jahr.

Der Boden wird jetzt mit jedem Schritt spürbar weicher – wir sind im Hochmoor, was an den Latschen, jetzt wieder die anderen, ersichtlich ist. Mittendrin im Moor befindet sich eine Plattform mit Hochstand, der einen guten Überblick gewährt. Daniela Wansch packt einen hochprozentigen Selbstgemachten aus – mit den eingelegten „Moorschwestern".

Ein Einheimischer kommt vorbei, der Hennerbichler Josef. „Das ist heuer meine 300. Runde", sagt er und erzählt, dass in der Nähe des Moors einmal ein „richtiger" Schatz versteckt war. Gegen Ende des Zweiten Weltkriegs habe eine betuchte Familie aus Linz seine Oma gebeten, deren Schmuck hier zu verstecken. „Aus Dank dafür kam sie noch jahrelang zu Besuch und brachte uns Geschenke."

Über weichen Untergrund geht es weiter, Daniela Wansch verweist auf die zarten Knospen der Beeren, auf das Heidekraut und Insekten. Und die „Kuawaumpen". Wie bitte? Sie steht auf einer sumpfigen Fläche, dem Schwingrasen und springt hoch. Tatsächlich ... der Boden schwingt, wie die Wampe einer Kuh halt. Dann schiebt sie ihren Wanderstock hinein, bis nur noch wenige Zentimeter herausschauen. Eine Kuh sei hier einmal eingesunken.

„Eines muss ich noch zeigen", sagt sie, „bevor wir aus dem Moor draußen sind, die Fuchtlmandln." Bei einem dunklen Rinnsal sticht sie erneut hinein und aus dem Gewässer steigen Bläschen auf. „Das ist kein Sauerstoff, das ist Methan, das sich im Moorkörper bildet."

Das mystische Moor

Jetzt kommt der Atteneder Heli wieder ins Spiel, weil der kann das am besten erklären. „Früher, da war das Moor etwas Mystisches. Wenn in der Nacht das Methan aufgestiegen ist, das passiert ja heute kaum noch, weil es mittlerweile zu trocken ist, dann hat es zu fluoreszieren begonnen. Bei Wind haben diese Irrlichter getanzt und sind dann erloschen. Die Menschen konnten sich das nicht erklären und dachten, das seien arme Seelen." Die Fuchtlmandln.

Wir sind übrigens schon ein gutes Stück weiter, oben auf der Lehrmüller Mauer, von wo wir das Moor überblicken. Hier sind „drei Latschen-Inseln" zu sehen, der Ursprung des Hochmoors – rundherum der Fichtenwald.

Über einen Schotterweg geht's zurück zum Rubener Teich, wo wir uns verabschieden. Nicht auszudenken, hätte es den Atteneder Heli nicht gegeben. Sonst stünden hier lauter Fichten und der Torf der „Daunerau" läge in den Gärten der befestigten Orte in ganz Österreich.

WIE ALLES BEGANN

Das Tanner Moor

Vor 10.000 Jahren

Die Moorbildung geht mehr als 10.000 Jahre zurück. Alles begann mit einer Versumpfung. Das Tanner Moor, also das Hochmoor, entstand in drei wasserundurchlässigen Mulden im Granitland. Hier wuchs der erste Torf, der aus Sauergräsern gebildet wurde. Abgestorbene Pflanzenteile des wurzellosen Torfmooses ließen das Moor in die Höhe wachsen, das Bodenwasser wurde „sauer" und sicherte so seltenen Pflanzenarten das Überleben. Ab einer gewissen Höhe speiste sich das Moor nur noch vom Regenwasser und wurde zum Hochmoor.

19./20. Jahrhundert

1809 wurde der Rubener Teich als künstliches Gewässer angelegt und auch mit Wasser aus dem Tanner Moor gespeist. Im 20. Jahrhundert wurde versucht, das Moor forstwirtschaftlich zu nutzen – es wurden mehr als 60 Entwässerungskanäle mit einer Gesamtlänge von 60 Kilometern gegraben, die es heute schwer bedrohen.

1983

Das Tanner Moor, das sich im Besitz des Hauses Sachsen-Coburg und Gotha befindet, wurde aufgrund der Initiative von Helmut Atteneder zum Naturschutzgebiet erklärt, 1998 wurde es zum Natura-2000-Schutzgebiet.

2017

Seit 2017 wird der Austrocknung des Moores entgegengewirkt. Die Naturschutz-Verantwortlichen des Landes Oberösterreich führen in Kooperation mit der Herzoglichen Familienstiftung ein Wiedervernässungsprojekt durch – 2024 soll es abgeschlossen sein.

FAKTEN

Wandern im Tanner Moor

Parkplatz beim Kiosk „Moortreff" (Buffet mit Toiletten). Der Wanderweg (kein Radweg!) beginnt direkt beim Rubener Teich und ist sechs Kilometer lang. Ein Abstecher auf die Lehrmüller Mauer ist lohnenswert. Es gibt mehrere Hubschrauberlandeplätze – sie wurden zum einen für die Renaturierungsarbeiten, aber auch für den Fall eines Schlangenbisses angelegt. Es gibt zwei geführte Touren: www.naturschauspiel.at

IM SCHRITTTEMPO ZUR ENTSCHLEUNIGUNG

Mit seiner Jakobsweg-Niederschrift „Ich bin dann mal weg" traf der deutsche Multi-Künstler Hape Kerkeling einst den Geist der Zeit. Pilgern ist beliebt, auch auf heimischen Wegen.

Von Bernhard Lichtenberger

„Ich glaube, dass ich meine körperliche und geistige Gesundheit nur bewahren kann, wenn ich täglich mindestens vier Stunden, meist sogar mehr, durch den Wald und über Hügel und Felder schlendere, gänzlich frei von allen weltlichen Belangen", schreibt Henry David Thoreau in seinem Essay „Vom Wandern". Was der rebellische Naturphilosoph im 19. Jahrhundert formulierte, als er sich auf amerikanischen Pfaden in Gedanken erging, passte ebenso auf die zahlreichen Pilgerwege, die in Oberösterreich zum Gehen und zum In-sich-Gehen einladen. Eine Auswahl.

Johannesweg

Seit 2012 zieht der 84 Kilometer lange Johannesweg in der Region Mühlviertler Alm Menschen an, die in drei bis fünf Tagen im Schritttempo die Entschleunigung suchen. Erdacht und initiiert hat ihn der Dermatologe und OÖN-Arzt Johannes Neubauer. Die Rundtour verbindet die Gemeinden Pierbach, Schönau im Mühlkreis, St. Leonhard

> *„Es kommt niemals ein Pilger nach Hause, ohne ein Vorurteil weniger und eine neue Idee mehr zu haben."*
>
> *Thomas Morus, englischer Staatsmann und Humanist (1478–1535)*

bei Freistadt, Weitersfelden, Kaltenberg, Unterweißenbach und Königswiesen und führt vorbei an prächtigen Burgruinen und mystischen Granitblöcken. Zwölf Stationen mit spirituellen Inhalten zu Themen wie Geduld, Humor, Großzügigkeit und Hilfsbereitschaft unterstützen die Wanderer auf ihrer Reise zu sich selbst und zum persönlichen Glück.
www.johannesweg.at

Granitpilgerweg

Bewegte können auf dem 2019 eröffneten Granitpilgerweg rund 90 Kilometer unter

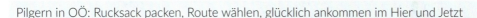

Pilgern in OÖ: Rucksack packen, Route wählen, glücklich ankommen im Hier und Jetzt

ihre Füße nehmen. Die Strecke verbindet zwischen St. Martin im Mühlkreis im Süden sowie Haslach und Helfenberg im Norden zehn Gemeinden. Die gelben Markierungspfeile mit dem stilisierten Felsstück geben die Richtung vor – im Uhrzeigersinn. Wobei die Zeiger der Uhr keinem in den Sinn kommen mögen, wenn das Auf und Ab, die monotone Bewegung, einen Fuß vor den anderen zu setzen, das Ein- und Ausatmen den Rhythmus bestimmen.

Einsteigen in den spirituell aufgeladenen Kreislauf ist an jeder Stelle möglich. Selbst wurde der leichte Geländelaufschuh zum Start im Textil- und Weberei-Ort Helfenberg geschnürt.

Langsamkeit genießen, Zeit für sich haben

Kurz bevor es in ein kleines Waldstück geht, sticht eine Tafel mit einem Spruch ins Auge: „Mehr zu hören, als zu reden, solches lehrt schon die Natur: Sie versah uns mit zwei Ohren, doch mit einer Zunge nur." Wer allein unterwegs ist, sucht ohnehin die Stille – mit der nicht die absolute Lautlosigkeit, sondern die Abkehr von klingelnden und piepsenden Mobiltelefonen oder von lärmenden Fahrzeugen gemeint ist.

Es ist der Klang der Natur, der das achtsame Ohr berührt: das zirpende Orchester, das ungesehen in den Gras- und Blumenwiesen musiziert; der schrille Gesang der Schwalben, die um den Bauernhof sausen, in dem ein paar Kühe brüllen; das Glucksen des Wassers, wenn in den Bächen Steine in seinem Lauf stehen. Und da wir uns nun einmal in einer Kulturlandschaft bewegen, gehört es dazu, dass ab und zu ein Traktor lautstark seine ratternde Stimme erhebt.

Fünfzehn Kraftplätze weist die Wanderkarte aus, vom Pilgermonument in St. Martin über die Hopfenfelder von St. Ulrich bis zur 300 Jahre alten, als Naturdenkmal geltenden Linde unterhalb der Burgruine Steinbach. Wanderer, die in drei Etappen pilgerten, kamen letztendlich zum Schluss, es beim nächsten Mal in vier Tagen gemütlicher anzulegen.
www.granitpilgern.at

Sebaldusweg

Der jüngste der oberösterreichischen Pilgerpfade führt über 86 Kilometer und 3.000 Höhenmeter in einer Runde durch die südöstliche Ecke des Bundeslandes. An ihr fädeln sich die Orte Großraming, Losenstein, Laussa, Maria Neustift, Gaflenz und Weyer auf. Nicht Ehrfurcht gebietende Gipfel, zu denen steile Anstiege auf schroffe Felsen führen, charakterisieren die Landschaft. Es sind die doch sanft anmutenden Hügel und Höhen, bewaldete Rücken und freie Almböden, die von Bächen und Flüssen durchzogenen Täler, die das Gemüt wohltuend umschmeichelnden mannigfaltigen Grünschattierungen, die bis zu Haller Mauern und Gesäuse reichenden Panoramablicke, die den Reiz der Nationalparkregion Ennstal ausmachen.

Der Name des Weges leitet sich vom Wahrzeichen von Gaflenz ab, der Wallfahrtskirche St. Sebald am 782 Meter hohen Heiligenstein. Die erste Kapelle wurde 1413 dem Heiligen Sebald von Nürnberg geweiht. Handelsleute aus Bayern, die es des Eisens wegen ins Gaflenztal zog, dürften die Verehrung des Wunder wirkenden Mannes mitgebracht haben. Die Volkslegende verpflanzte nicht nur dessen Heilungen auf den Heiligenstein, sondern auch ihn selbst. Demnach ließ man den Pilger als Einsiedler 15 Jahre lang in einer Höhle hausen. Man sieht: Der Glaube versetzt nicht nur Berge, bisweilen auch Heilige. Von der bäuerlichen Bevölkerung als Vieh- und Wetterpatron gehuldigt, zog Sebald auch zum Mann-Beten an – mit seiner Hilfe hofften ledige Frauen, einen Gespons zu finden.

Wer sich heute die Runde ergeht, ob Wanderer oder Pilger genannt, findet u. a. sieben Gotteshäuser, zwei Wallfahrtskirchen (Gaflenz, Maria Neustift), 30 Kapellen, ein Kutschenmuseum, eine Hängebrücke über die Enns (beides in Großraming), Burg und Nagelschmiede (Losenstein), die Kletterfelsen Sauzahn und Sonnleitnerwand (Laussa) sowie in Weyer den historischen Marktplatz und die Katzensteinermühle.
www.steyr-nationalpark.at

Josefweg

Aufbrechen, um bei sich anzukommen, lässt sich auch zwischen Traun- und Attersee auf dem vor 2017 eröffneten Josefweg mit 65 Kilometern Länge und 2.800 Höhenmetern, die in drei Tagen als Rundtour von Altmünster über Weyregg und Großalm/Neukirchen zu gehen sind. Acht spirituelle Impulse und Fragen zum Leben begleiten entlang der aussichtsreichen Strecke und regen zum Innehalten an.
www.josefweg-salzkammergut.at

Marienwanderweg

Der auf sieben Etappen angelegte Pilgerpfad entlang von imposanten Wildbachrinnen, kleinen stillen Bächen, Weihern, Steilwänden und romantischen Waldabschnitten führt 132 Kilometer von St. Marienkirchen am Hausruck übers Innviertel bis ins bayerische Altötting und verbindet 32 Gemeinden. Kleine Tafeln informieren am Wegesrand über Marienkräuter – etwa über die weiße Lilie, die für die Reinheit Marias steht – und helfen, die Umgebung bewusster wahrzunehmen.
www.seelentium.at

GLOBALE SUBKULTUR IM LINZER HAFEN

Wenn eine Kanadierin ins Schwärmen gerät, was sich da im Hafen an den Wänden künstlerisch tut, dann lässt sich erahnen, warum Linz mit dem Mural Harbor ein weltweit guter Ruf vorauseilt.

Von Reinhold Gruber

Der Geruch von Farben und der besondere Klang der Spraydose haben die Tänzerin aus Vancouver über den Zaun in den Hinterhof der Mural-Harbor-Zentrale an der Industriezeile blicken lassen. Als Mitglied eines internationalen Ensembles war sie eben erst aus Japan angereist, um zwei Tage später im Posthof aufzutreten – und dann wieder weiter in die Welt zu ziehen.

„Wie fantastisch ist das hier?" Ihre Frage an einen zufälligen Zaungast bei einem Spray-Workshop verdeutlichte dem Einheimischen, dass dieser Platz spezieller sein musste, als wohl die meisten in Linz ahnen würden. Wobei es streng genommen kein Platz, sondern das Hafen-Areal ist, an dem man auf Schritt und Tritt auf sichtbare Hinweise einer globalen Subkultur stößt.

Subkultur: Das ist eine Begriffsdefinition, die Leonhard „Poidl" Gruber gerne auch verwendet, wenn er über die Mural Harbor Gallery spricht, in der sich Sprayer und Künstler mit Graffiti, die Murals heißen, wenn sie eine bestimmte Quadratmeter-Größe überschreiten, verewigt haben. Die Galerie unter freiem Himmel, durch die Guides ein interessiertes Publikum je-

„New York" in den Linzer „Docklands"

den Alters führen, ist von internationalem Format. Und sonst auch nicht zugänglich. Denn im Hafen wird gearbeitet – und das Areal ist an sich Sperrzone.

Ein Kämpfer für die Kunstform

Gruber ist Geschäftsführer der Mural Harbor GmbH. Mit einem Team von engagierten Mitstreitern und mit Unterstützung der Linz AG hält er das Werk seit Jahren am Laufen. Er ist ein Kämpfer für diese Kunstform, zu der er als Skater und Snowboarder von jeher einen engen Bezug hat. Und so ist Gruber auch Aktivist im besten Sinn des Wortes.

Mit ihm kann man vorzüglich über die Kunst- und Ausdrucksformen diskutieren, die Grenzen ausloten, um sich im öffentlichen Raum eine Stimme zu verschaffen. Er sieht sich als Förderer einer Subkultur, die nicht umsonst Street Art heißt. „Diese Kunst entsteht auf der Straße und sollte auf der Straße bleiben." Und es ist eine Kunstform, die gerade „in alle Richtungen explo-

> *„Diese Kunst entsteht auf der Straße und sollte auf der Straße bleiben."*
>
> *Leonhard Gruber,*
> *Chef der Mural Harbor Gallery in Linz, die mehr als 300 Graffiti im Hafen präsentiert*

Geführte Touren durch die Graffiti-Galerie im Linzer Hafen sind äußerst beliebt.

diert". Der Zug der Kommerzialisierung, den er derzeit beobachtet, gefällt Gruber nicht. Dafür trägt er zu viel Underground-Gefühl in sich.

Und so bleibt im Mural Harbor der Zugang unverändert, nämlich, dass Graffiti authentisch sein sollen und nicht global weichgespült werden, um der Werbeindustrie in einer „voll verwaschenen" Form gerecht zu werden. „In der Street Art muss es um mehr gehen als um schöne Vögel und schöne Frauen", sagt Gruber.

Der (ausrangierte und mittlerweile bemalte) U-Bahn-Waggon aus München, der (räderlos) im Linzer Hafen steht, ist ein Zeichen in Richtung des Ursprungs dieser Kunstgattung. Und die liegt in New York, als U-Bahn-Züge in meist nächtlichen Aktionen (illegal)

besprüht und zu fahrenden Kunstwerken wurden. Wenn im Hafen von Linz gesprayt wird, dann ist das (meist) legal, erfolgt auf Einladung und bringt nationale wie internationale Künstler aus bislang 35 Nationen von sechs Kontinenten dazu, sich auf einer größeren oder kleineren Wand auszudrücken und damit dem öffentlichen Raum ihren unverwechselbaren Stempel zu geben.

Wer durch die Mural Harbor Gallery geführt wird, könnte theoretisch mehr als 300 Graffiti und Murals sehen. Theoretisch deshalb, weil sich das in einer Führung nicht ausgeht, die Zeit zu kurz wäre. Warum? Nun denn: Die Gesamtfläche der Galerie beträgt 135 Hektar. Das erwandert man nicht allzu leicht, vor allem aber hat jedes Gemälde auf der Wand seine eigene, seine spezielle Geschichte.

„Es ist wichtig, dass es wieder um die Kunst geht", sagt Gruber, der noch die Qualität der Kunstvermittlung ins Spiel bringt. Die Führungen im Linzer Hafen seien auch deshalb so gefragt, weil sie authentisch von „echten Linzer Typen" wie den HipHop-Urgesteinen Flip und Laima von Texta gemacht werden. „Das hat Wert."

WIE ALLES BEGANN

Die Hafengalerie

„Der Mural Harbor gehört zum Linzer Hafen wie die Bubble Days." Dieser Ausspruch von Hafendirektor Harald Kronsteiner zeugt davon, dass die Strahlkraft der Hafengalerie weit über die Stadtgrenzen hinaus erkannt wird. Der Spruch wäre auch passend für die Geschichte der Graffiti-Galerie.

Die (künstlerischen) Aktivitäten im Hafen haben 2011 angefangen. Jörg Neumayr und Jürgen Lockinger kamen als Pächter auf das Areal, errichteten das „Boxxoffice" auf der „Insel" und errichteten damit dort ein Kreativzentrum im Container.

Bei der Einweihungsparty mit Sprayern und DJs waren plötzlich 1.000 Menschen da, die den Ort und das besondere Flair genossen. Der Tipp: Beim nächsten Mal sollten die Organisatoren eine Veranstaltung anmelden. So entstanden die „Bubble Days". 2012 wurde die erste Wand gestaltet, 2014 bekam die Graffiti-Galerie ihren Namen: Seither ist auch der Mural Harbor nicht mehr von der Stadt Linz wegzudenken.

Leonhard Gruber ist Geschäftsführer der Mural Harbor Gallery im Linzer Hafen.

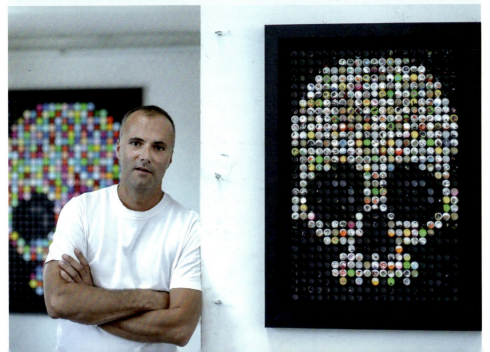

VOM IRDISCHEN INS HIMMLISCHE

Die Kirche von Stift Wilhering gilt als eines der schönsten Rokoko-Gotteshäuser im deutschsprachigen Raum. Sie ist Teil von Religion, Kultur und Natur, die hier zusammenfinden.

Von Bernhard Lichtenberger

Unser Zentrum ist die Stiftskirche", sagt Abt Reinhold Dessl. Führt der Vorsteher des Zisterzienserklosters durch den sakralen Bau, bringt er die künstlerische Besonderheit in Schlagwörtern auf den Punkt: Einmaligkeit durch Zufall, gekonnte Planlosigkeit und die schöpferische Zerstörung, „da die Rokoko-Künstler das spätbarocke Werk zu Ende führten, indem sie über jede gerade Linie eine geschwungene klebten und dort, wo noch ein leerer Platz war, einen Engel hinpickten".

Von dem ihm zugewiesenen Platz blickt er direkt auf den Hochaltar, der darstellt, wie die Heilige Maria von Gott empfangen wird. Begleitet er Firm- und Schülergruppen in die Kirche, lenkt er deren Augen hinauf zum riesigen Deckenfresko im Hauptschiff, dem Wilheringer Heiligenhimmel. „Schaut, das ist die himmlische WhatsApp-Gruppe, da gehört ihr seit der Taufe dazu, und diese Heiligen könnt ihr auch rund um die Uhr anrufen", erzählt Abt Reinhold.

Die Kirche präsentiert sich seit März 2022 im wahrsten Wortsinn herausgeputzt. Alle 30 Jahre werden die 360 kleinen Engelsköpfe und die 17 großen Heiligenstatuen aus weißem Gipsmarmor fachgerecht von Restauratoren entstaubt – „und wenn man genau schaut, findet man auf dem mittleren Altargesimse einen Putzfetzen, den sie vergessen haben", sagt das Stiftsoberhaupt und schmunzelt. Unter den Heiligen hat er einen Favoriten, Bernhard von Clairvaux, „ein Mystiker, der überfließt von Gottes Freundschaft".

Die Zerstörung war der Beginn

Entstanden ist die Kirche aus der Asche eines Brandes, den 1733 ein 24-jähriger arbeitsloser Landarbeiter und eine von ihm eingeschüchterte zwölfjährige Magd gelegt hatten. Der Mann büßte mit dem Tod auf dem Scheiterhaufen, das Mädchen wurde begnadigt. 1750 war der Neubau, in dem österreichisches Spätbarock und bayerisches Rokoko zusammenfanden, abgeschlossen. In den 1970er Jahren wurden die Vergoldungen erneuert – mit 18.000 Goldblättchen (ca. zwei Kilo Gold), die vier Vergolder in zwei Jahren auftrugen. „Gold ist die Farbe des Himmels, und jenes in der Stiftskirche soll uns daran erinnern, dass es im Herzen jedes Menschen ein paar Gramm Gold gibt, weil jeder Mensch ein Ebenbild Gottes ist", sagt Abt Reinhold Dessl.

Abt Reinhold Dessl in seiner Kirche

In den vergangenen Jahren wurde der 7.000 Quadratmeter große Stiftshof neu gestaltet. In der Landschaftsarchitektur finden sich Religion (mit der alten Religio-Statue), Kultur (mit Freiluftaltar und einem Relief des bedeutenden Schweizer Objektkünstlers Daniel Spoerri) und Natur (mit einem Baum, der aus einem Steintisch wächst, und einem Ring als Sinnbild für das ewig Göttliche).

Das 1146 gegründete Zisterzienserstift ist nicht nur Heimat von 15 Mönchen. Den Dachboden des Klosters bevölkern mehr als 200 Fledermäuse, die wissenschaftlich begleitet werden „und Berge von Kot hinterlassen". Unter dem Dachfirst des Stiftshofes kleben die Nester einer Mehlschwalben-Kolonie. Und ab September werden wieder 520 Schülerinnen und Schüler und 60 Lehrkräfte das Stiftsgymnasium mit Leben erfüllen. Vor 50 Jahren kam auch Reinhold Dessl an die Schule. „Das war schon eine große Umstellung, das riesige Haus, die langen Gänge, bis auf einen Mitschüler kannte ich niemanden und man kam nur am Wochenende heim", erinnert sich der Mühlviertler.

Es lohnt auch ein Besuch des Stiftsparks, ein Ort der Natur, eine Oase der Erholung, des Friedens und des Rückzugs, mit Jahrhunderte alten Bäumen, wie einer Eibe, die so alt wie das Kloster sein soll, einem Tulpenbaum, den ein französischer Offizier angeblich 1809 gepflanzt hat, und einem Mammutbaum – die allesamt zu Naturdenkmälern erklärt wurden.

2022 wurde eine zisterziensische Weggemeinschaft gegründet, in der Verheiratete mit Einwilligung der Frau einen Teil ihres Lebens – im Schnitt ein Wochenende im Monat – mit den Klosterbrüdern verbringen, an Gebet, Arbeit und Freizeit teilnehmen „und damit eine geistliche Heimat haben", sagt der Abt. Das sei ein Weg in die Zukunft, „aber wir brauchen natürlich Ordensberufungen, Mönche im Vollzeitgeschäft". Aktuell gibt es einen Kandidaten. Dennoch glaubt der 60-Jährige daran, dass Klöster eine Zukunft haben: „Gerade in Zeiten, in denen sich das pfarrliche Leben verdünnt, braucht es verlässliche Orte des christlichen Lebens."

Der neu gestaltete Stiftshof vereint Religion, Kultur und Natur

„Ich sage, das ist die österreichische Version des Zisterzienserlebens."

Abt Reinhold Dessl, wenn er darauf angesprochen wird, wie die Pracht der Kirche zu der vom Orden geforderten Reduktion auf das Wesentliche passt

WIE ALLES BEGANN

Stift Wilhering

1146
Die „Herren von Wilhering" ziehen auf Burg Waxenberg und stellen ihren aufgelassenen Wohnsitz samt Land dem steirischen Zisterzienserkloster Rein für eine Tochtergründung zur Verfügung. Am 30. September treffen 12 Mönche mit ihrem Abt Gebhard I. ein.

1185
12 Mönche und ein Abt aus dem Kloster Ebrach bei Würzburg übernehmen Wilhering und beginnen 1195 mit dem Bau einer Kirche.

1585
Die Reformation setzt dem Kloster zu. Ein Abt wechselt zu den Lutherischen, flieht mit der Kassa nach Nürnberg und heiratet. 1585 ist das Kloster gänzlich verlassen.

1733
Brandstifter setzen Kloster und Kirche in Flammen. 1750 ist die neue Rokoko-Kirche fertig.

1895
Das Stiftsgymnasium mit Internat wird gegründet.

1940
Dass sich in der Zeit des Nationalsozialismus sechs Mönche einer Widerstandsgruppe angeschlossen haben, nehmen die Nazis als Vorwand, um das Kloster zu beschlagnahmen. Aufgrund seiner Stellung als Klosteroberer kommt Abt Bernhard Burgstaller ins Gefängnis, wo er 1941 an Entkräftung stirbt.

1945
Im Mai erreichen die amerikanischen Truppen Wilhering und quartieren sich im Stift ein. Nach und nach kann das Klosterleben wieder aufgenommen werden.

2013
Reinhold Dessl wird zum 74. Abt des Zisterzienserklosters gewählt.

2021
Die Chorgebetskapelle wird neu gestaltet, mit einem Gestühl aus dem Holz von Eichen aus dem stiftseigenen Kürnbergwald.

DIE SINGENDEN STEINE DES MÜHLVIERTELS

Wenn das Mühlviertel ein Wahrzeichen hat, dann sind es die Steinbloßhöfe, die wie Fleckvieh auf den sanften Hügeln stehen. Gebaut wurden sie aus Granit – mit bloßen Händen. Doch zuvor wurden die Steine noch zum Singen gebracht.

Von Manfred Wolf

Ding, ding, ding ... Unentwegt schnellt der Hammer auf die Keile nieder. Abwechselnd, wie bei einem Xylophon, auf dem die Tonleiter gespielt wird. Und zwar so lange, bis dem Granit tatsächlich helle Töne entlockt werden und aus dem „Ding, ding, ding" ein „Sing, sing, sing" wird. Und wenn er dann zu singen anfängt, der Stein, dann weißt du, jetzt bricht er gleich.

Dieser Melodie folgend haben die Mühlviertler über Jahrhunderte aus dem Granit, den sie aus dem Erdreich gegraben haben, riesige Höfe gebaut. Höfe, die sich wie Noten einer perfekten Harmonie in die Landschaft einpflegen. Und so stehen sie heute noch auf den sanften Hügeln, die das Mühlviertel durchwellen – so selbstverständlich wie Fleckvieh auf der Weide.

Aber Vorsicht, verklären darf man das nicht. Weil gegraben hat keiner nach den Findlingen. Geflucht werden sie sogar haben, die Bauern, wenn der Pflug wieder auf so einen Brocken gestoßen ist. Unverdrossen haben sie dann die hundert Kilo schweren Steine mit Ochsen- oder Pferdegespannen zu einem Bühel – einem kleinen Hügel – zusammengelegt. Sie haben halt die Not zur Tugend erklärt und das Beste daraus gemacht, nämlich Steinbloßhöfe – weil, was tust du sonst mit so vielen Steinen. Wie, das weiß der Hager Ernst.

Der Ernst und die Stiftung

Der Ernst ist einer, dem glaubst du aufs Wort. Wenn er erzählt, dann denkst du, der hat selbst noch Steine zum Singen gebracht. Mitnichten, weil sein Wissen über

> *„Der Kalk hält nicht gut auf dem Granit. Die Anmutung war also schlichtes Beiwerk."*
>
> *Ernst Hager, der Neumarkter, erklärt, wie die Steinbloßhöfe entstanden sind.*

die „Stoa-bloß"-Häuser, wie er sagt, hat er von seinem Vater. Sicher, versucht hat er es schon, das Steinespalten, aber als Steinmetz hat er sich dann doch nicht verdingt. Ein „G'studierter" ist er geworden, ein freischaffender Künstler und Lehrer.

Ihn treffen wir in der Stiftung in Neumarkt, wo er aufgewachsen ist. An der Fassade seines Elternhofs zeigt er, wie unterschiedlich die Struktur des Granits sein kann. Feinkörnig, grob wie raues Schleifpapier oder brüchig – je nach Anteil der nimmer vergessenen Mineralien Feldspat, Quarz und Glimmer. Demnach sind sie auch einfacher oder schwerer zu bearbeiten, die Steine.

Doch darüber will der Ernst erst erzählen, „wenn wir bei der Stoametz-Sepp'n-Lucka sind". Zunächst lenkt er unseren Blick auf die Ecksteine des Hofes. Zwei Köpfe haben die, also zwei gerade Seiten. „Der hat gut drei-, vierhundert Kilo. Das war was für eine Sechsertrage." Eine „Sechser" ist ein Holzgestell für sechs Mann, es gab auch Zweier,- Dreier-, Vierer-, ja sogar Achtertragen. Bei Letzterer wogen die Steine locker fünfhundert Kilo. Und weil die Mauer stetig wuchs, bauten die Männer ein Holzgerüst, eine Bruck, auf dem sie die Steine nach oben tragen konnten.

Beim Ansetzen der ersten Steine brauchte es Erfahrung. Weil ja nicht nur der Kopf, sondern auch die Lage passen musste. Die Löcher wurden mit kleineren Steinen „ausgezwickt" – damit die nächste Reihe gut auflag. Und das in doppelter Ausführung, weil innen gibt's ja auch eine Wand. Zwischen den Wänden verlieh eine Verbindung aus Lehm und Bachsand Stabilität, die auch isolierte. So blieb die Herbstwärme bis Dezember im Haus.

War das Mauerwerk fertig, wurde es verputzt. Und hier kommt der Kalk ins Spiel. Doch der musste herbeigeschafft werden, denn so steinreich das Mühlviertel ist, so kalkarm ist es auch. Ein Umschlagplatz für den aus den Kalkalpen – also „drenta da Donau" – herbeigeschifften Kalk war Mauthausen. Weil der Kalk aber teuer war, wurde er sparsam eingesetzt. Darum wurden bei der Außenmauer nur die Fugen verputzt, die Steine also bloß gelassen. „Außerdem hält der Kalk sowieso nicht gut auf dem Granit. Die typische Anmutung war also schlichtes Beiwerk", sagt der Ernst.

Auf zur Stoametz-Sepp'n-Lucka

„Jetzt gemma zur Stoametz-Sepp'n-Lucka", sagt der Ernst und schlägt einen Weg in den Tann. Überall liegen sie hier im Wald, die Steine. Das ungeschulte Auge würde nie und nimmer erahnen, was der Ernst zeigt. Steinreste und „Scherzerl", als wäre der Sepp einst überhaps verschwunden. Unter einer Moosschicht werden die Spu-

ren des „Waldkauz" sichtbar. „Da hat er den Meißel angesetzt", sagt der Ernst. „Und dort in der Höhle hat er den Sommer über gehaust – das war sein Stein-Reich."

Die Wollsackverwitterung hat über Jahrmillionen haushohe Steine wie dem Sepp'n seine Luck'n freigelegt, die aussehen, als wären sie von Riesen gestapelt worden. Tatsächlich sind sie aber steinalte Zeugen dessen, dass hier einmal ein Granitmassiv war, höher als der heute höchste Berg der Welt. Der Sepp hat das wohl kaum gewusst, die Steine hat er aber dankbar genommen. Zum Spalten hat er erst mit einem Spitzeisen alle fünfzehn Zentimeter „Bixen" hineingemeißelt, in die dünne Eisenplatten kamen, auf denen die Keile angesetzt wurden. Und dann wurde geschlagen, bis er zum Singen angefangen hat – also der Stein. Das hat gut und gerne zwei Stunden gedauert. Und wenn er an der falschen Stelle gebrochen ist, dann war aus dem Wald kein Singen, sondern ein lautes Fluchen zu hören.

Die Steine hat der Sepp im Sommer bearbeitet – wo er sich im Winter aufhielt, weiß der Ernst nicht. Als er ein Kind war, hat der Sepp lang nicht mehr gelebt. Die Bauern

Ernst Hager inmitten der Steinbloßhöfe

haben die Steine hingegen im Winter bearbeitet, denn im Sommer, eh wissen, harte Feldarbeit. Auch ohne Findling aus dem Acker „ernten" zu müssen. Der Winter hatte aber noch einen Vorteil: Die schweren Steine ließen sich auf Schlitten auf dem eisigen Schneeboden mit weniger Kraftaufwand ziehen.

Beim Zurückgehen erzählt der Ernst, dass die Häuser innen alle zwei, drei Jahre frisch gekalkt wurden. Weil, wie es so ist, wenn du einen Holzofen in der Stube hast, dann rickelt und qualmt es halt. Und das bleibt dann an der Mauer haften. Dafür war es dann aber wieder frisch drinnen, weil der Kalk und der Lehm, die sind atmungsaktiv, und das gute Raumklima, das atmest du auch in so einem Steinbloßhof.

Den Kalk, den mussten sie vorher aber einsumpfen, also in einer großen Holzrein mit Wasser löschen, dass es nur so gebraust hat. Weil der Kalk, der reagiert mit Wasser und kocht binnen Sekunden auf. Und wenn er dann ausgekühlt war, dann wurde er verarbeitet oder in der Kalkgrube aufgehoben.

„Weil sie auf die Häuser halt auch alle paar Jahre frischen Kalk aufgetragen haben", erklärt uns der Ernst noch, bevor wir wieder fahren und festhalten, wie sauber sie alles beieinander haben, hier in der Stiftung.

Aber das war eigentlich eh selbstredend. Weil die Blöße, dass sie auch noch eine schlechte Nachred' haben, „wie's denn hier aussieht", die haben sie sich nicht gegeben. Weil zumindest schön willst du es dann schon haben, wenn du es schon sonst recht steinig hast im Leben. Und das hatten sie es gewiss, die Mühlviertler. Davon kannst du ein Lied singen.

FAKTEN

Variszisches Gebirge

Bezüglich Geologie der Böhmischen Masse haben wir beim Geologen und Bergführer Marcellus Gregor Schreilechner nachgefragt: Vor gut 500 Millionen Jahren ragte dort, wo sich heute auch das Mühl- und Waldviertel befinden, das rund 10 Kilometer hohe Variszische Gebirge in die Höhe – freilich dürfe man sich die Kontinente nicht so wie heute vorstellen. Die Alpen gab es noch nicht, sie entstanden erst vor rund 30 Millionen Jahren durch eine massive tektonische Plattenverschiebung und die Kollision von Afrika mit Ureuropa, also der Böhmischen Masse. Das Granitmassiv verwitterte und tauchte im Wesentlichen unter die Alpen ab. Die Reste dieses Gebirges wurden über Jahrmillionen durch die „Wollsackverwitterung" in Form der oft verträumt wirkenden Gesteinsblöcke in dieser Gegend freigegeben. Die Stabilität des Granits hänge von vielen Faktoren ab – zum einen je nach Anteil der Mineralien Feldspat, Quarz und Glimmer, zum anderen je nach Druck, dem das Gestein ausgesetzt war, und der Verwitterung (Frost, Regen …), der er an der Oberfläche ausgesetzt war.

AUF UND DER GAMS
NACH IM NATIONALPARK!

Im Oktober haben die brunftigen Hirsche im Nationalpark Kalkalpen wild röhrend noch das Sagen. Im November mag man zuschauen, wenn die Gams gamsig werden.

Von Bernhard Lichtenberger

Es ist 5.30 Uhr früh. Noch ehe der Morgen graut, trifft Nationalpark-Ranger Rudolf Grall ein kleines gähnendes Menschen-Rudel vor der Villa Sonnwend in Roßleithen. Im Schein der Stirnlampen folgt es dem Berufsjäger der Bundesforste auf dem Wanderweg 463, der auf den auf Hohen Nock, 1.963 Meter, führt, in den Mischwald des Sengsengebirges, um einem Schauspiel der Natur beizuwohnen – der faszinierenden Gamsbrunft, in der sich die Böcke ihren Platz im Rudel erst wieder erkämpfen und die Gunst der Weibchen erobern müssen.

Ein Jahrling à la Ronaldo

Ein Stück weit begleitet das Plätschern des Pettenbaches. Die Bergschuhe schlurfen durch das raschelnde Laub. „Da! Schau!", sagt der Vordermann. Im Lichtkegel seiner Stirnlampe räkelt sich ein prächtiger

> *„In der Brunft stinkt der Bock erbärmlich. Er benetzt sich mit Urin, das ist sein Parfüm."*
>
> *Rudolf Grall,*
> *Nationalpark-Ranger*

Feuersalamander zwischen den trockenen Blättern.

Im fahlen Licht der Morgendämmerung bremst Rudolf Grall die schweigsam einhertrottende Karawane. Er hat auf dem gegenüberliegenden Hang etwas entdeckt. „Ein junges Böckl", sagt er. „Der versteckt sich vor dem Starken." Das müde Auge mag seinem Scharfblick nicht folgen. „Wo?" Noch einmal geschaut. „Wo?" „Der schwarze Punkt unter der rotgefärbten Buche", sagt Grall. Treffer!

Das Böcklein trägt bereits das schwarze Winterfell. Oberhalb von uns, vor dem hellen Fels leicht auszumachen, steht eine Geiß und säugt ihr Kitz. Sie sind nicht alleine. Ein Jahrling wirft sich im Stile eines Ronaldo geckenhaft in Pose, obwohl er noch nicht geschlechtsreif ist.

Berstende Äste durchbrechen die Stille. Schnaubende Laute dringen näher. Da! Der Platzbock hetzt in wilder Jagd einen Rivalen, der ihm zu nahe gekommen ist, über Stock und Stein. Die beiden Böcke pfeifen hinunter in den Budergraben – welch sinniger Name zur Paarungszeit.

Große und kleine Tiere im Nationalpark

Auf rund 1.000 Metern Seehöhe finden wir ein feines Beobachtungsplatzerl. Grall pflanzt ein Objektiv mit 30-facher Vergrößerung auf das Stativ und nimmt damit den kohlschwarzen Bock eines Rudels ins Visier. So kommt man ihm ganz nahe, ohne die Nase rümpfen zu müssen. „In der Brunft stinkt der Bock erbärmlich. Er benetzt sich mit Urin, das ist sein Parfüm. Und mit dem Sekret der Brunftfeigen, die hinter den Hörnern liegen, markiert er Sträucher", erklärt der Berufsjäger, der Nichteingeweihte schon einmal mit Fachjargon verblüfft. „Der hat nur einen Schlauch", sagt er. Schlauch? So nennt der Weidmann das hohle Horn. An den Ringen ließe sich das Alter ablesen. „Wenn das drei Jäger zählen, erhält man

drei verschiedene Ergebnisse", so Grall, der seinen faszinierenden, rund viereinhalbstündigen Ausflug (ca. zwei Stunden Gehzeit) an allen Samstagen im November für jeweils maximal sechs Interessierte im Nationalpark Kalkalpen anbietet.

Mittlerweile erreichen die ersten Sonnenstrahlen den über uns thronenden Merkenstein. Dort hatte dereinst Erzherzog Franz Ferdinand seinen 1.000. Gamsbock geschossen. Der fanatische Jäger hatte über seine Leidenschaft akribisch Buch geführt: 274.899 Tiere hat er demnach zur Strecke gebracht. Der Jubiläumsbock vom Merkenstein sticht heraus, weil er doppelt unterstrichen wurde. Als bittere Ironie ging in die Geschichte ein, dass der habsburgische Thronfolger 1914 in Sarajewo selbst Opfer einer Kugel wurde.

Die Jagdhütte Bärenriedlau

Der schießwütige Habsburger hatte von den Grafen Lamberg 1900 ein riesiges Jagdrevier auf dem Höhenrücken des Sengsengebirges gepachtet. Dazu gehörte auch die 300 Jahre alte Jagdhütte Bärenriedlau, die einst als Unterstand für Viehhirten diente und die Franz Ferdinand aufstocken ließ. „Wetter und Aussicht köstlich, ich sitze im Freien vor der Hütte", kritzelte er im Oktober 1903 auf ein Blatt Papier und schickte mit dem Zettel einen Boten ins Tal, um seiner Frau Fürstin Sophie Hohenberg zu telegrafieren. Im Jahr 2014 wurde der denkmalgeschützte Holzbau renoviert.

Langsam entrückt das Rudel unseren Blicken. Es geht auf Distanz zu einem aufsteigenden Rudel in Funktionswäsche:

Wanderer, die den Hohen Nock als Ziel haben. Einen Platzbock beim Werben oder Beschlagen der Geiß zu beobachten, blieb versagt. Man ist doch kein Voyeur.

Nationalpark-Ranger Rudolf Grall (re.)

ZAHLEN & FAKTEN

Nationalpark Kalkalpen

1997

Am 25. Juli wurde der Nationalpark Kalkalpen gegründet, der sich auf einer Fläche von 20.850 Hektar über das Hintergebirge und das Sengsengebirge erstreckt. 89 Prozent der Fläche sind als Naturzone ausgewiesen.

5 Luchse

umfasst die Population der Katzen mit den Pinselohren, die Weibchen Skadi, Aira und Luzi, die Kuder Lakota und Norik.

548 Jahresringe

zählt die älteste Buche, die auf rund 1.250 Metern Höhe im Sengsengebirge wurzelt. 5.250 Hektar Buchenwald wurden zum UNESCO-Weltnaturerbe erklärt.

1.350 Käferarten

kommen vor, darunter 570 holzbewohnende und 41 Urwald-Reliktkäferarten wie der seltene Alpenbock oder der Große Flachkäfer.

32 Baumarten

machen den Wald aus, der 81 Prozent der Nationalparkfläche einnimmt. Pro Hektar Wald gibt es mittlerweile 33 Festmeter Totholz, das Lebensraum für tausende Insekten- und Pilzarten bildet.

80 Orchideenarten

finden sich, die größte ist der Frauenschuh. Sieben Amphibienarten sind bestätigt, sieben Reptilienarten heimisch. Schmetterlinge zeigen sich in einer Vielfalt von 1.601 Arten. Dazu gesellen sich 103 Vogel- und 17 Fledermausarten.

Informationen über den Nationalpark und seine Natur-Programme: www.kalkalpen.at

ES KANN NUR EINEN LEBERKAS-PEPI GEBEN

Institution: Das trifft es ganz gut, wenn man den Leberkas-Pepi in Linz in aller Kürze beschreiben will. Anlaufstelle für die schnelle Stärkung zwischendurch am Tag, Abschluss für Nachtschwärmer.

Von Reinhold Gruber

Das Nein von Christoph Baur kommt entschieden, überzeugend. Nein, es sei nicht abzusehen gewesen, welche Erfolgsgeschichte aus der Idee seines Chefs Rudolf Sturm einmal werden könnte, als alles vor 34 Jahren begann. Sturm hatte den genialen Einfall, dem Leberkäse ein Imbisslokal in der Stadt zu widmen.

In der ehemaligen Meraner Weinstube in der Rathausgasse, die den Hauptplatz mit dem Pfarrplatz verbindet – ein laut Baur „interessantes Lokal" (er muss es wissen, schließlich arbeitete er auch dort, Anm.) – entstand nach der Schließung des alten Lokals und einem Umbau des Hauses die erste Adresse für den Leberkas-Pepi.

Seit mehr als zwei Jahrzehnten führt Baur nun die Geschäfte eines Lokals, das keine Sterne oder Hauben trägt und trotzdem in keinem Kulinarikführer fehlen darf. Bis heute blieb das Stammhaus in der Rathausgasse der Ursitz des Unternehmens, das mittlerweile über sieben Filialen in ganz Österreich verfügt.

Alles Leberkäse

Der Leberkas-Pepi habe ihn von Anfang an interessiert, sagt der heute 54-Jährige Linzer, der im Jahr 2001 eine entscheidende Veränderung vollzog, als er das Unternehmen von Sturm übernahm, der sich aus der Gastronomie zurückzog: Der Leberkäse wurde konkurrenzlos.

Zuvor gab es auch noch andere Imbisse im Angebot, mit Baur als Chef verschwanden diese aber. Wer fortan in die Rathausgasse

> *„Es gibt vieles, was man mischen kann, aber nicht alles passt zum Leberkäse. Ein Rotwein-Leberkäse blieb beim Versuch."*
>
> *Christoph Baur,*
> *Eigentümer „Leberkas-Pepi"*

(oder damals in die zweite Filiale in der heute nicht mehr existierenden Uno-Shopping in Leonding) kam, konnte „nur noch" wählen, welche Sorte von Leberkäse er haben möchte.

Der klassische Leberkäse ist dem Chef bis heute am liebsten, aber damit alleine hätte sich der Pepi dauerhaft seinen prägen-

Leberkas-Pepi-Chef Christoph Baur

den, weil prägnanten Unternehmensnamen nicht verdient. „Es war von Anfang an klar, dass es mehr als eine Sorte braucht."

Also gibt es immer zwölf bis 13 Sorten im Geschäft, jeden Monat kommt eine spezielle Sorte dazu, verschwindet dann wieder, wird ausgewechselt. „Damit reagieren wir auf saisonale Besonderheiten mit Spezialitäten", sagt der Unternehmer. Wer etwa zur Weihnachtszeit den Leberkas-Pepi aufsucht, kann sich an einem Trüffel-Steinpilz-Leberkäse delektieren.

Auf das ganze Jahr bezogen werden etwa 24 verschiedene Sorten von Leberkäse angeboten. Wer kein Schwein isst, kann auch einen Puten- oder einen Pferdeleberkäse wählen. Letzterer erfreut sich regional sehr unterschiedlicher Beliebtheit, wie Baur weiß. „In Wien geht Pferdeleberkäse viel besser als in Linz."

Übrigens: Zwischen 40 und 200 Kilogramm Leberkäse werden pro Tag beim Leberkas-Pepi verkauft, entsprechend groß muss das Lager sein, um dem Ansturm auch gerecht werden zu können.

Das Geheimnis des lange andauernden Erfolges sieht der Chef in der Mischung aus Originalität des Produktes sowie der Qualität des Angebotenen, bei dem er sich sehr auf die Regionalität verlässt. Und was auffällig ist: So sehr sich die Einheimischen zu jeder Tages- und Nachtzeit an einer Leberkässemmel erfreuen, so sehr merken Baur und seine rund 50 Mitarbeiter, dass auch viele Touristen mittlerweile auf die „typisch österreichische Spezialität" fliegen, die zwar aus Bayern komme, aber eine Originalität besitze, die in Österreich einzigartig sei. „Wir haben heuer in der Rathausgasse viele Touristen aus Asien und Europa gehabt. Ob sie nun aus Japan, Italien oder den nordischen Ländern kamen, es hat allen einfach geschmeckt." Den Gedanken, dass der Leberkas-Pepi überall funktioniert, hatte Baur früher, und er ist bis heute davon überzeugt, dass dem auch so ist. Aber: „Es hat

Leberkäse in vielen Varianten – aber der Klassiker ist der Favorit!

sich mir sehr schnell gezeigt, dass ich nicht überall gleichzeitig sein kann. Man muss verfügbar sein und man muss es leben, es ist nicht nur ein Geschäft."

Also besinnt sich Baur auf seine sieben Filialen und will in Zukunft das Franchise-System ausbauen. Weitere eigene Geschäfte werde es voraussichtlich nicht mehr geben. Wahrscheinlicher ist es, dass der Trend der Zeit bei der Ernährung sich auch beim Leberkäse niederschlagen wird. „Die Anfragen nach veganem Leberkäse sind bei uns äußerst gering, aber sie werden mehr", sagt Baur. Und so werde er sich mit seinem Team zusammensetzen und schauen, ob „wir das nicht auch anbieten". Aber: „Es ist nicht unser Ziel, zum veganen Pepi zu werden. Wer zum Leberkas-Pepi geht, weiß, was er hier bekommt." Tag und Nacht.

WIE ALLES BEGANN

Leberkas-Pepi

1989
Die Meraner Weinstube wird geschlossen, das historische Haus in der Rathausgasse umgebaut. Der Leberkas-Pepi wird eröffnet – mit mehr Imbissangebot als „nur" Leberkäse.

2001
Der damalige Mitarbeiter von Gründer Rudolf Sturm und jetzige Eigentümer Christoph Baur übernahm das Unternehmen mit dem klaren Ziel, den

„Leberkas-Pepi" weit über die Stadtgrenzen hinaus bekannt zu machen.

2008
Nachdem weitere Standorte in Linz und Umgebung (Plus City Pasching) eröffnet wurden, sorgt eine Geschäftspartnerschaft in London für großes mediales Interesse. Der „Leberkas-Pepi" macht international Schlagzeilen. Bis heute ist Baur überzeugt, dass dieses Konzept überall funktionieren kann. Allerdings brauche es die persönliche Anwesenheit vor Ort.

2015
Baur lernt den Medizintechniker Mario Scheday kennen, der der „Leberkas-Pepi" in Wien werden wollte. Gemeinsam gründen sie eine Firma, eröffnen eine Filiale in der Operngasse und danach weitere am Hauptbahnhof und in einem Einkaufszentrum.

2019
Der jüngste „Leberkas-Pepi" wird in den Klagenfurt City Arkaden aufgesperrt. Weitere eigene Geschäfte schließt Baur eher aus. Mittlerweile gibt es einen Franchisenehmer in Wien am Flughafen und einen mobilen „Leberkas-Pepi" in Passau. „Das ist die Zukunft", sagt der Unternehmer, der die eigenen Geschäfte weiter betreiben will, „das macht immer noch sehr viel Spaß."

WO AUCH JACQUELINE ZUR HEILIGEN WIRD

Es vergeht kein Tag, an dem Johann Pum nicht den zarten Pinsel führt. Der 75-jährige Mühlviertler hält das einzigartige Erbe der Sandler Hinterglasmalerei hoch.

Von Bernhard Lichtenberger

Die Augenlider zusammengekniffen, den Arbeitsrahmen mit der Linken schräg angehoben, fällt der konzentrierte Blick von Johann Pum auf die Konturen der Gottesmutter, die er mit ruhiger Hand und feinem Marderhaarpinsel auf das Glas gemalt hat. Auf dem für diesen riesigen Raum fast winzig anmutenden Werktisch stehen unzählige Farbtiegel. Pinsel ragen aus Bechern oder liegen lose herum. Vom Weiß der Wände ist nur wenig zu sehen. Rahmen an Rahmen hängen hier die Hinterglasbilder, die Johann und seine Frau Hildegund (74) gemalt haben. Das Paar ist umringt von Heiligen, Tierkreiszeichen, Jahreszeiten und Segensworten. Und von Sinnsprüchen wie diesem: „Dem Betrübten ist jede Blume ein Unkraut. Dem Fröhlichen ist jedes Unkraut eine Blume." Geschätzte 300 Bilder zieren den Raum.

Es begann um 1760

Johann Pum war als treibende Kraft maßgeblich daran beteiligt, dass die Hinterglasmalerei in Sandl als traditionelle Handwerkstechnik im Jahr 2012 in die nationale Liste des immateriellen Kulturerbes aufgenommen wurde. Ihre Geschichte reicht zurück bis in die Zeit um 1760, als nordböhmische Zuwanderer ihre Malkunst in die Freiwald-Grenzregion nach Buchers und Sandl brachten, wo sich viele Glashütten befanden. Die Glasbilderzeugung wurde zu einem einträglichen Hausgewerbe, das von Familien gepflegt wurde und Mitte des 19. Jahrhunderts in Sandl seine Hochblüte erlebte. Bis zu 60.000 vornehmlich sakrale Bilder entstanden damals jährlich.

Fand sich diese Kunst davor lediglich in Klöstern und Herrschaftshäusern, so wurde sie aufgrund der massenhaften Herstellung für alle leistbar. „Der Vinzenz Köck hatte hier eine große Werkstatt mit acht Malergesellen, die fast fließbandmäßig produzierten", sagt Johann Pum. Die Motive waren damals meist religiöser Natur. „Die Leute im Freiwald waren zwar nicht unbedingt

Vom Weiß der Wände ist im Sandler Reich von Johann Pum nur wenig zu sehen.

Malutensilien auf dem Sandler Werktisch

Die Glashütten sperrten zu und Kunstdrucke kamen auf, „die um ein Trumm billiger waren und bei denen höchstens das Glas hin war, wenn sie herabgefallen sind", sagt Johann Pum. Johann Thumayr (1827-1907) hieß der letzte gewerbliche Bildermaler in Sandl, der seine Werkstätte am Fuß des 1.111 Meter hohen Viehbergs hatte. Sein ebenfalls auf Johann getaufter Junior, ein Briefträger, übernahm das kunsthandwerkliche Geschick. Dessen Sohn Ludwig, der sich an Bildern versucht hatte, musste in den Zweiten Weltkrieg ziehen, aus dem er nicht mehr heimkehrte.

fromm", sagt Hildegund Pum, „aber einen kleinen Hausaltar oder einen Herrgottswinkel mit den Bildern dabei hatte doch jeder." Eines der beliebtesten Motive sei der heilige Florian gewesen, der vor flammendem Unbill bewahren sollte, „weil eine Feuerversicherung hat es damals noch nicht gegeben". Und Leonhard, der Bauernheilige, war dazu da, auf das Wohlergehen des Viehs zu achten. Ein Vorteil der Hinterglasbilder war, dass sich die Scheiben, die in den verrauchten und verrußten Stuben einiges abbekamen, einfach abwischen ließen und somit wieder in ihrer ursprünglichen Farbigkeit erstrahlten.

Export mit der Kraxen

„Kraner" und „Gottscheberer", Wanderhändler aus dem Gebiet des heutigen Sloweniens, packten die begehrten Hinterglasbilder auf ihre Buckelkraxen und trugen sie in die Kronländer der Habsburger-Monarchie hinaus. Um die Jahrhundertwende kam das florierende Geschäft fast zum Erliegen.

Was überlebte, waren Thumayrs unzählige Motivvorlagen, die es für die Hinterglasmalerei braucht. Tausende dieser sogenannten Risse bewahren die Pums in Ordnern und Büchern. Auf einen solchen Riss legt Johann Pum das Flachglas, „am besten ein mundgeblasenes, das leicht wellig ist, wodurch das Bild besser ausschaut", wie er sagt. Mit wasserlöslichen Acrylfarben zeichnet er die Umrisse, dann die vordergründigen Gewandfalten, Schraffuren, Schatten und Details. Mit Ölfarben werden die Motive ausgemalt und erst ganz zum Schluss

„Der Vinzenz Köck hatte hier eine große Werkstatt mit acht Malergesellen, die fast fließbandmäßig produzierten."

Johann Pum,
Hinterglasmaler

kommt der abdeckende Hintergrund an die Reihe. Typisch für das hiesige Kunsthandwerk sind die mit Blumen ausgeschmückten Ecken, die Sandler Rose als Einzelmotiv und die schwarzen Rahmen. Von Blattgold nehmen die Pums Abstand. Nicht nur, weil es teurer als Goldlack ist. „Es ist auch eine rechte Patzerei", klagt Hildegund Pum, die bis zu ihrer Pensionierung mit Leib und Seele ein Lebensmittelgeschäft führte.

Leidenschaft seit 50 Jahren

In ihrer Kramerfamilie wurde die Hinterglasmalerei als Hobby gepflegt. Der eingeheiratete Johann, der Küchenleiter im Krankenhaus Freistadt war, wurde von seiner Schwiegermutter angestoßen, es doch auch einmal zu versuchen. Die vor 50 Jahren entflammte Leidenschaft hat ihn bis heute nicht verlassen. Es vergeht kein Tag, an dem er nicht den feinen Pinsel führt, und wenn es nur für eine Viertelstunde ist. Die gut 300 Bilder an den Wänden sind übrigens nicht dazu gedacht, ewig daran hängenzubleiben. Jedes ist zu kaufen, weil auch jedes

wieder nachgemalt werden kann. 45 bis 50 Euro kostet ein klassisches Format, ob das nun die heilige Notburga, Patronin der Dienstmägde, der Landwirtschaft und der Trachtenträger, oder der von der Jagdgesellschaft verehrte Hubertus ist. Für Letzteren griff ein südsteirischer Auftraggeber tiefer in die Tasche, der sich für eine Mauernische in seinem Weinstüberl den Heiligen im Format 65 mal 85 wünschte. „Bei so einer Größe hat man das ungute Gefühl, das Glas könnte bei der Arbeit brechen", sagt Johann Pum.

Auf Märkten stellt der Sandler nicht mehr aus. „Heute geht alles übers Internet. Dort findet man mich, ruft an oder sendet ein Mail, und weil wir unsere Bilder gespeichert haben, können wir gleich eine Ansicht schicken", sagt Pum, der gerne Spezialaufträge macht und sich nicht scheut, für mit Vorurteilen belastete Namen wie Kevin den Pinsel zu zücken. „Wir haben auch schon eine Jacqueline zur Heiligen gemacht", sagt er und schmunzelt.

Riss sagt man bei der Hinterglasmalerei zu den Motivvorlagen.

CHRISTKIND, BÄCKERNAZL UND LIACHTLAUSBLASER IM STEYRER KRIPPERL

Im Steyrer Kripperl schmunzelt das Christkind über die Streiche von Bäckernazl und Liachtlausblaser. Die Texte sind mündlich überliefert, die Vorstellungen meist ausverkauft.

Von Martin Dunst

Der Bäckernazl treibt seinen Meister Stritzl zur Verzweiflung. In der Früh findet der Lehrbub nicht aus den Federn, ständig dreht der vorlaute Bursch seinem Herrn das Wort im Mund um. Statt gewissenhaft die Brotlaibe und Wecken auszutragen, schlifitzt er lieber übers blanke Eis. Während der Bäckernazl mit seinen Streichen meistens ungeschoren davonkommt, treibt es der Liachtlausblaser zu bunt. Eines Abends reißt dem Liachtlanzünder der Geduldsfaden, die Fellmütze des Lausbuben fängt Feuer. Zeternd zieht dieser mit einem Satz heißer Ohren von dannen: *„Des sog i meiner Muatta, des sog i meim Vota, des sog i meiner Ahnl …".*

Bäckernazl und Liachtlausblaser sind die Lieblinge der Kinder – damals wie heute. In der Weihnachtszeit darf auch ein Auftritt des Christkinds im Steyrer Kripperl nicht fehlen – da wird es meistens ganz still im Zuschauerraum.

Schleifer und Schlögler

Das Jesuskind, Maria und Josef, Hirten und Schafe leben im Kripperl Tür an Tür mit den Steyrer Bürgern und Handwerkern. Da gehen die Bergleute ihrem Tagewerk genauso nach wie Seiler, Binder, Schleifer und Schlögler. Auf der Unterbühne mit dem Stall zu Bethlehem werden religiöse Szenen gezeigt. Auf der Mittelbühne klappert und klopft es in den Werkstätten, und die Oberbühne zeigt Steyr als biedermeierliche Krippenstadt – Schauplatz für Gschichtln und Gstanzln rund um Nachtwächter, Bäckernazl und Traubenwirtin.

„Das Steyrer Kripperl ist mehr als 100 Jahre alt, das Holz der ältesten Figurenköpfe mehr als 400 Jahre", berichtet Wolfgang Hack, Obmann des Vereins Heimatpflege Steyr, unter dessen Obhut das Steyrer Kripperl steht. Rechtzeitig zur Landesausstellung „Arbeit, Wohlstand, Macht" präsentierte sich das Kripperl ordentlich herausgeputzt: Bühnenbild, Technik und die insgesamt 455

> *„Wenn der Bäckernazl seinem Meister die Wörter im Mund umdreht, dann gefällt das den Kindern damals wie heute."*
>
> Brigitte Mayer, spielt seit 1979 im Steyrer Kripperl

Erfahrene Puppenspielerin Brigitte Mayer

Figuren wurden aufwendig restauriert und zum Teil neu eingekleidet – wie etwa die Bürgergarde. „Jetzt ist der Bestand im Kripperl für die nächsten 100 Jahre gesichert", freut sich Hack.

Auch um den Spielbetrieb muss er sich keine Sorgen machen. Der Nachwuchs drängt hinter die Bühne. Je nach Szenenauswahl braucht es eine gute Handvoll Spieler, um die Figuren im Steyrer Kripperl zum Leben zu erwecken. „Wir pflegen die ganz eigene Steyrer Mundart, die sehr ö-lastig ist", sagt Brigitte Mayer. Die leidenschaftliche Puppenspielerin gehört seit 1979 zum Ensemble des Steyrer Kripperls. Hinter und unter der Bühne sind voller Körpereinsatz, flinke Hände und vor allem auch eine kräftige Singstimme gefragt. „Die Texte und Szenen wurden immer nur mündlich überliefert,

man hat also schon gewisse Freiheiten in der Ausgestaltung der jeweiligen Figur, nur die Pointen müssen sitzen", erzählt Mayer.

Schwierigkeiten mit der Mundart

Einige Figuren sind einst nach dem Vorbild echter Steyrerinnen und Steyrer entstanden. So hat es in der Haratzmüllerstraße im Stadtteil Ennsdorf tatsächlich das Gasthaus zur Traube gegeben, mit einer resoluten Traubenwirtin. Da hält sich im Kripperl sogar der freche Bäckernazl etwas zurück, der in einer bekannten Szene zu der Wirtin kommt.

Vor allem Kinder und Auswärtige haben mit manchen Mundartwörtern so ihre liebe Not. Abort (Toilette) oder schlifitzen (schlittern) können da schon einmal zum Hindernis werden – „aber im Gesamtzusammen-

Das Steyrer Kripperl gibt es seit über 100 Jahren.

hang ist das nicht „weiter tragisch", sagt Brigitte Mayer. Insgesamt 24 unterschiedliche Szenen haben sie und ihre Kollegen hinter den Kulissen im Repertoire.

Der Zustrom und die Faszination für die rund halbstündigen Darbietungen ist ungebrochen. Fast alle Aufführungen sind restlos ausverkauft. In der Vorweihnachtszeit ist Hochsaison, wird drei bis vier Mal am Tag gespielt. Für die Zukunft schwebt Obmann Wolfgang Hack vor, mit neuen Figuren neue Szenen aus Steyr und Umgebung zu entwickeln. „Noch ist das nur eine Vision." Ob althergebracht oder modern: Christkind, Bäckernazl und Liachtlausblaser werden auch künftig eine tragende Rolle im Steyrer Kripperl spielen.

455 verschiedene Figuren werden hier gezeigt.

WIE ALLES BEGANN

Das Steyrer Kripperl

Das Steyrer Kripperl ist eines der letzten noch bespielten Stabpuppentheater im deutschen Sprachraum. Seit 2018 zählt es zum immateriellen Kulturerbe der UNESCO.

1913

erwirbt der Verein „Heimatschutz Steyr", heute Verein Heimatpflege Steyr, das Kripperl um 300 Kronen (heute rund 1.900 Euro). Es wird vermutet, dass drei oder mehr frühere Wanderbühnen darin zusammengeführt wurden. Früher wurden in Wirtshäusern auf mobilen Bühnen aktuelle Begebenheiten nachgespielt.

14.11.1914

Aufnahme des Spielbetriebs im Glassalon des Gasthauses Kimbacher in Ennsdorf.

1923

Übersiedelung in den Innerberger Stadel am Grünmarkt, dieser wäre 1908 beinahe abgerissen worden.

455 Krippenfiguren beherbergt das Steyrer Kripperl. Zum Bestand gehören unbewegliche Figuren wie die Heilige Familie, mechanische Figuren, die das alte Handwerk repräsentieren, 35 Einzelpuppen und 50 Gruppen zu 350 Puppen.

AUG' IN AUG' MIT EINEM LEBERSCHEDL

Ob als „Leberschedl" im Mühlviertel oder als „Leberbunkel" im Hausruckviertel – der Klassiker der oberösterreichischen Küche wird vielerorts neu entdeckt. Spitzenkoch Philip Rachinger zeigt, worauf es dabei ankommt.

Von Julia Evers

Für Menschen, die kreatives Essen lieben, ist Neufelden schon lange eine Reise wert. Dass Philip Rachinger dort im „Ois" im Mühltalhof in einem 12-Gänge-Menü seine Kochkunst auf höchstem Niveau zelebrieren kann, ist für den 33-Jährigen ein Erfolg, der auf der Arbeit von vielen Generationen basiert: „Ich mach' jetzt die Kür", sagt er. „Früher waren die Eisschützen unser Hauptgeschäft. Feuerwehr, Musi, Ortsmeisterschaften, da waren bis zu 300 Leute da, die verköstigt werden wollten."

Oma Walpurga, die damals noch den Kochlöffel schwang, verließ sich an solchen Tagen gerne auf einen Klassiker, der jedem schmeckte – den Leberschedl. Heute ist sie 89 Jahre alt, die Meisterin des Leberschedls ist sie noch immer. „Alles G'fühlssache, i hab nie a Waag' g'hobt", sagt sie und lächelt: „Bei fetterem Fleisch muss man halt ein bisserl mehr Grieß nehmen, und am Ende darf die Masse nicht zu fest sein."

Im Kampf gegen Tim Mälzer

Enkel Philip lernte die Geheimnisse des faschierten Bratens kennen, als er begann, sich intensiver mit seinen kulinarischen Wurzeln und der Mühlviertler Küche auseinanderzusetzen.

Seit einer ausgestrahlten Folge des Koch-Wettstreits „Kitchen Impossible", in der sich Tim Mälzer am Mühlviertler Klassiker versuchte, kommen immer wieder Gäste aus Deutschland, die ihn unbedingt kosten wollen. Fündig werden sie im Lokal „Hopfen und Schmalz" der Rachingers. „Als ‚Walpurga Impossible' steht er dort seit einem Jahr

wieder auf der Karte", verrät Rachinger und zeigt, wie Profis den Leberschedl zaubern: Zuerst Schweinefleisch und Schweinsleber im Verhältnis von zwei Drittel zu einem Drittel faschieren. „Zu viel Leber macht's bitter", warnt Rachinger. Dann Zwiebeln und Knoblauch anrösten. „Damit sie die Schärfe verlieren und ein bisschen karamellisieren. Auch wenn Omas Geheimzutat oft das Fett aus der Fritteuse war, gelingt das am besten mit Schweineschmalz."

Die in Milch eingeweichten Semmeln und die Zwiebeln mitfaschieren oder mit den Händen daruntermischen. Das übernimmt Timo, 17. Er ist Rachinger bereits vor Jahren bei einem Vortrag in der Mittelschule in St. Martin aufgefallen, wo er immer wieder

Das Netz aus dem Schweinsbauch

nachgefragt und am Ende gemeint hatte, so eine Kochlehre würde ihn schon interessieren. Jetzt ist er einer von drei Lehrlingen im insgesamt neunköpfigen Küchenteam im Mühltalhof.

Ein Ei pro Kilo Masse binde, und der Grieß sauge das Fett auf, sagt die Oma, während sie sich auf leisen Sohlen wieder aus der Küche entfernt. „Die Mischung macht es aus", erklärt Vier-Hauben-Koch Rachinger, warum ihm die Mühlviertler Küche so ein Anliegen ist: „Das sind Gerichte, die es immer schon gegeben hat, die haben eine super Erdung. Es geht net nur g'spitzt und narrisch."

Österreichischer Wohlgeschmack

Besonders wichtig ist natürlich das richtige Würzen: Kümmel, Salz, Pfeffer, Majoran und Piment kommen in die wabbelige Masse. „Piment, das ist einfach österreichischer Wohlgeschmack, wo man nicht genau weiß, wo der herkommt", sagt Rachinger und deutet auf ein altes Kochbuch, in dem Piment als „Neugewürz" bezeichnet wird.

Während des Durchmischens hat die Masse angezogen und ist fester geworden. „So wird das nichts", sagt Rachinger und gießt noch einmal Milch nach. „Als Faustregel gilt: Die Masse muss so weich sein, dass man aus ihr auf keinen Fall faschierte Laberl machen kann."

Charakteristische Linien

Am Ende kommt die Besonderheit, die Freunde des Leberschedls so lieben: das Netz aus dem Schweinsbauch, mit dem die Rein zuerst ausgelegt und das dann über der

Oma Rachinger ist Namenspatin für den „Walpurga Impossible"-Leberschedl.

Masse zusammengeschlagen wird. Nach 45 Minuten im Rohr ergibt ebendieses Netz den besonderen Leberschedlgeschmack und die charakteristischen Linien.

Wie man erkennt, dass der Leberschedl gelungen ist, verrät dann wieder die Oma: „Wenn er ganz aufgegessen wird." Und da kann sich Walpurga Rachinger seit Jahrzehnten sicher sein.

„Das sind Gerichte, die es immer schon gegeben hat, die haben eine super Erdung. Es geht net nur g'spitzt und narrisch."

Philip Rachinger, Spitzenkoch der Mühlviertler Küche

REZEPT

Leberschedl

Rezept von Walpurga Rachinger

Zutaten

8 Zwiebeln, 5 Knoblauchzehen, 1 Stück Schweinsleber, 500 Gramm Schweinsbauch, 500 Gramm Schweinsschulter, 2 Eier, 200 g Weizengrieß, 4 alte Semmeln, 300 ml Milch, 2 Stück Schweinsnetz, Pfeffer weiß gemahlen, Salz, Majoran, Kümmel, Piment gemahlen

Zubereitung

Zwiebeln und Knoblauch in einer Pfanne anschwitzen und überkühlen lassen. Die Schweinsleber mit Schweinsschulter und Schweinsbauch faschieren. Die Zwiebelmasse mitfaschieren. Alte Semmeln in Milch einweichen und ebenfalls mitfaschieren. Den Grieß als Bindung untermengen. Würzen und abschmecken. In ein Schweinsnetz einschlagen und bei 160 Grad 45 Minuten lang backen.

FAKTEN

Warum ein Schedl noch lange kein Schädl ist

Schedl ist die nicht mehr gebräuchliche Bezeichnung für Reindl oder für einen Kuchen, der in einem Reindl gebacken wird. Bleibt Leberschedl übrig, kann er als Suppeneinlage oder kalt zur Jause genossen werden.

Zwei Drittel Faschiertes, ein Drittel Leber

SCHWARZ UND WEISS –
WIE DER LASK, SO DAS
LEBEN

Der LASK kehrte 2023 auf die Gugl zurück. Die Eröffnung des Stadions wurde für die vielen Fans zum Fußball-Fest. Warum der Klub eine solche Anziehungskraft besitzt, erklärt Günther Waldhör.

Von Günther Mayrhofer

> *„Die Frage ‚Wie geht es dem LASK?'*
> *bewegt ganz viele Menschen. Diese*
> *Magie – ob Freund oder Feind, ob*
> *Gegner oder Befürworter – ist ein*
> *Teil von Oberösterreich."*
>
> *Günther Waldhör, LASK-Fan*

Auf dem Tisch sind Ordner aufeinanderge-
stapelt. Darin hat Günther Waldhör gesammelt, was er für sein Projekt braucht: Er will
die Geschichte des LASK in Geschichten
erzählen. „Ich habe vor einer halben Ewigkeit begonnen, und es wird auch noch eine
halbe Ewigkeit dauern", erzählt der 57-Jäh-
rige im schwarzen LASK-Pololeiberl. Er trägt
eine Uhr mit dem Schriftzug des Klubs, vor
ihm steht eine Kaffeetasse mit dem LASK-
Logo.

Der 24. Februar war ein besonderer Tag
für den Religionslehrer der HTL 1 Goethe-
straße: Zur Eröffnung der neuen Raiffeisen-
Arena pilgerte er wie früher zu Fuß auf die
Gugl – er meinte es im Wortsinne. „Es ist
etwas Ähnliches. Dieses Pilgern zur mystischen Stätte des Stadions, das hat schon
etwas. Ohne Vergleiche mit dem Glauben
zu ziehen: Ich sehe Ähnlichkeiten. Ich er-
warte vom Fußball oder vom LASK nicht
die Antworten auf die Lebensfragen. Aber
vieles rundherum, dieses Gemeinschaftsge-
fühl, dieses Pilgern zum Allerheiligsten, lebt
auch ein Stück als Religion, als Glaube." Er
verweist auf das Buch „Fever Pitch", in dem
Autor Nick Hornby beschreibt, dass ein Sta-

dionbesuch die Seele reinige. „Ich dehne
das auf den Weg aus."

Waldhör hat die Leidenschaft durch seine
beiden Halbbrüder erfasst. Sie waren LASK-
Anhänger, obwohl sie in Ostösterreich aufgewachsen sind. Beide kickten beim damaligen LASK-Konkurrenten Admira. „Der
Herbert hat im Vorspiel der U21 für die Admira gespielt, beim Hauptspiel hat er dann
den LASK angefeuert, mir die Fahne aus der
Hand gerissen und gesagt: Schau, Günther,
so musst du sie schwenken." In Linz kam er
damit davon, als er Gleiches aber bei Heim-
spielen der Admira aufführte, wurde er er-
mahnt.

Auch Waldhör selbst hat die Verbindung
zum Klub weitergegeben. Simon, einer der
beiden Söhne, spielte im LASK-Nachwuchs,

LASK-Fan Günther Waldhör

Schwarz-weiß ist überall präsent.

dings bis heute die unmittelbare Freude über Siege.

„Schwarz und weiß – wie der Klub, so das Leben", schrieb Waldhör einst mit Freunden auf ein Transparent für das Stadion und erklärt damit gleichzeitig die Anziehungskraft. „Dieses ewige Auf und Ab, auch wenn es mühsam ist, das ist das Leben auch. Ich weiß, es gibt andere Klubs, aber in Oberösterreich gilt: Die Frage ‚Wie geht es dem LASK?' bewegt ganz viele Menschen." Selbst für die Rivalen sei der Klub stets ein Bezugspunkt, „für sie ist ein Match gegen den LASK das Spiel des Jahres. Diese Magie – ob Freund oder Feind, ob Gegner oder Befürworter – ist ein Teil von Oberösterreich."

Sie strahlt über die Landesgrenzen und den Sport hinaus. In den sechziger Jahren sang etwa Elfriede Ott über die identitätsstiftenden Elemente jedes Bundeslands bei Oberösterreich über die Voest, den Most – und den LASK. Im gleichen Jahrzehnt schrieb ein Vorschauheft der damaligen Staatsliga den Athletikern die Bezeichnung „Der Stolz von Oberösterreich" zu. „Ich finde das passend, aber nicht im überheblichen Sinne gegenüber anderen Klubs. Das ist Ehre und Auftrag zugleich", erklärt Waldhör. „Es ist der Auftrag, ein fairer Klub zu sein, ein ehrlicher Klub zu sein, die Tradition hochzuhalten, aber gleichzeitig auch zu akzeptieren, dass andere einmal besser sind, dass wir alle miteinander eine Verantwortung haben, dem gerecht zu werden."

Christian ist als Sprecher der „Initiative Schwarz-Weiß" aktiv, die sich für die Erhaltung der Tradition des Klubs engagiert, lediglich Tochter Carina blieb immun. Ehefrau Karola, vor dem Kennenlernen weitab vom Fußball und als gebürtige Steirerin noch weiter weg vom LASK, war schnell bekehrt: „Einmal habe ich bei einem Testspiel, es war saukalt im Jänner, nicht dabei sein können. Die Karola ist alleine hingegangen", erzählt Waldhör und fügt schmunzelnd hinzu: „Dann habe ich gewusst: Sie ist die Richtige."

Das ewige Auf und Ab

Der Ärger nach Niederlagen ist inzwischen der Gelassenheit gewichen. „Ich kann mich auch nicht mehr so auf die Mannschaft einlassen. Ich bin nicht mehr so böse, wenn jemand geht." Erhalten geblieben ist aller-

Waldhör lebt sie – und schreibt darüber. Mit der Raiffeisen-Arena schlug der LASK ein neues Kapitel auf, für ein weiteres findet Waldhör bestimmt noch einen Ordner. „Ich träum schon davon, dass der LASK zu meinen Lebzeiten einen Titel gewinnt. Ich würde mich so gern mit einem Spieler fotografieren lassen – mit der Hand an der Trophäe."

WIE ALLES BEGANN

Der LASK

1908
Am 25. Juli genehmigt die k. k. Statthalterei die Gründung des ersten Fußballvereins in Linz, des Linzer Sportklubs. Der LSK wird 1919 aufgelöst, die meisten Spieler schließen sich dem 1899 gegründeten Athletiksportclub Siegfried an, der sich im September 1919 den Namen LASK gibt. Obwohl der LSK und der Athletiksportclub Siegfried rein rechtlich nichts miteinander zu tun haben, gilt seit jeher 1908 als Gründungsjahr, bezogen auf die Wurzeln der Fußballsektion im LSK.

1939
Der LASK steigt erstmals in Österreichs höchste Liga auf.

1952
Die neue Heimstätte des LASK wird das neu errichtete Stadion der Stadt Linz auf der Gugl.

1965
Der LASK feiert den österreichischen Meistertitel – als erster Klub, der nicht in Wien beheimatet ist. In der gleichen Saison gelingt auch der Cupsieg.

1985
Durch ein Tor von Hans Gröss besiegt der LASK im Europacup Inter Mailand mit 1:0. Das Auswärtsspiel endet 0:4.

1997
Zwei Jahre nach einem Zwangsausgleich wird die Fusion mit dem FC Linz beschlossen. Einem sportlichen Höhenflug folgt der finanzielle Absturz: Die Bank von Präsident Wolfgang Rieger schlittert in den Konkurs.

2012
Dem LASK wird die Lizenz für die beiden Profiligen verweigert. Nach dem Zwangsabstieg trägt der LASK zeitweise die Heimspiele in der drittklassigen Regionalliga aus Kostengründen in Schwanenstadt aus.

2013
Am 24. Dezember übernimmt die Gruppe „Freunde des LASK" den Klub. 2017 gelingt die Rückkehr in die Bundesliga, der LASK stürmt in den Europacup und wird in der Saison 2017/18 Vizemeister. Das Paschinger Waldstadion ist die Heimstätte.

2023
Am 24. Februar kehrt der LASK auf die Gugl zurück, in die Raiffeisen-Arena.

BEIM GOISERER DRÜCKT KEIN SCHUH

Der 32-jährige Philipp Schwarz schaut in Bad Goisern darauf, dass die Schuhlegende namens Goiserer keinen Abgang macht.

Von Bernhard Lichtenberger

Dem Schuster wird sprichwörtlich geraten, bei seinem Leisten zu bleiben, also das zu tun, was er kann. Philipp Schwarz hat sich daran gehalten. Nach seinen Lehrjahren band der damals 26-Jährige seine Schnürsenkel und machte sich auf, um weiter den Goiserer, die legendäre Fußbekleidung aus dem Salzkammergut, zu fertigen. In seiner feinen Werkstatt in der Unteren Marktstraße 9 bewahrt der gebürtige Strobler seit 2016 den geschichtsträchtigen Treter vor dem Untergang.

Wobei der erste Fußabdruck, den der Goiserer in der Historie hinterlassen hat, als Stolperer überliefert ist. So wird erzählt, dass 1875 der Goiserer Schuster und Bergführer Franz Neubacher bei einer alpinen Tour in eine Doline plumpste. Sein steifes und abrutschendes Schuhwerk war nicht gerade dienlich, um sich aus der misslichen Lage zu befreien. Erst barfuß soll ihm das gelungen sein.

> *„Ich will am Ende des Tages etwas in der Hand halten, das ich gemacht habe. Das trägt zur Zufriedenheit bei."*
>
> *Philipp Schwarz, Schuhmacher*

Zwienaht und Schernken

Weil Not angeblich erfinderisch macht, entwarf Neubacher nach seiner Heimkehr den Goiserer – einen ob seiner Zwienaht geschmeidigeren Schuh, der mit seinen Sohlennägeln, den sogenannten Schernken, sicher und rutschfest Fuß fasste.

Und nun ist Schwarz angetreten, damit der berühmte Schuh nach 148 Jahren keinen plötzlichen Abgang macht. Immerhin weist die Trägerliste berühmte Namen auf, von Kaiser Franz Joseph und seiner Sisi

Ob Berg- oder Halbschuh – Philipp Schwarz macht seine Goiserer für die Ewigkeit.

über den früheren bayerischen Minister-
präsidenten Edmund Stoiber bis zu Arnold
Schwarzenegger und, no na, Hubert von
Goisern. Schließlich war der Großvater des
vagabundierenden Musikers einmal Schuster gewesen.

Maßfertigung, Handarbeit und Zwienaht
geben dem Goiserer das unverwechsel-
bare Profil. Die Zwienaht besteht aus der
Einstechnaht und der Aufdoppelnaht mit
einem Pechdraht, einem in Pech getränk-
ten Hanfgarn. „Durch das Pech und die
Nähtechnik verknotet sich jeder Stich inei-
nander, somit wird der Schuh wasserdicht

Schusterwerkstatt in Bad Goisern

und flexibel und gibt auch optisch etwas
her", sagt Philipp Schwarz. Für ihn ist jeder
Schuh, der seine Werkstatt verlässt, ein
Goiserer, „ob das ein traditioneller brauner
Bergschuh mit schwarzer Sohle oder ein
giftgrüner Halbschuh mit roter Sohle ist".
Nach den Schernken, den handgeschmie-
deten Nägeln, werde ohnedies kaum mehr
gefragt, seit es Gummisohlen in verschiedenen Härten gebe.

Umweg zum Handwerk

Zum Handwerk führte den Salzkammer-
gütler ein Umweg. Nach der Matura an der
Bad Ischler Tourismusschule und einem Di-
plomlehrgang für Produktmanagement und
Marketing in Salzburg war Schwarz bei Fi-
scher-Ski im Innviertel im Marketing für den
Nordischen Bereich tätig. „Obwohl es auch
ein kreativer Beruf war und ich für mein
Alter gut verdient habe, ist mir doch das
Beständige abgegangen. Ich will am Ende
des Tages etwas in der Hand halten, das ich
gemacht habe. Das trägt zur Zufriedenheit
bei." Also sattelte Schwarz um. Er ging beim
letzten Goiserer-Schuster in die Erwachse-
nenlehre, die er dann mit der Meisterprüfung abschließen konnte. Außerdem führt
er seinen Betrieb in Kooperation mit dem
Grieskirchner Orthopädie-Schuhmacher
Stockinger. Die Rechte an der Marke Goiserer hat er sich schützen lassen, „das hab ich
in meiner Fischer-Zeit gelernt".

Die Füße der Kunden, die mit bis zu einem
Jahr Wartezeit rechnen müssen, vermisst
Schwarz akribisch. Schaum- und Blauab-
druck verraten die Belastungszonen und
weisen darauf hin, ob er es vielleicht mit

Knick-, Senk-, Platt- oder Spreizfüßen zu tun hat. Dann wird der hölzerne Leisten auf die Maße hingeschleift und aus einer durchsichtigen Folie, die aushärtet, ein Probeschuh gemacht. Der zeigt, ob es wo zwickt oder drückt.

In einem Halb- oder Haferlschuh stecken mindestens 40 Arbeitsstunden: Zusammennähen des Ober- und Futterleders, Herrichten von Brandsohle, Hinter- und Vorderkappe, Zwienaht, Befestigen der Sohle, die bei einem eleganteren Modell aus einem speziell gegerbten Bodenleder besteht, das vortrefflich zum Tanzen taugt.

Beim Leder geht der 32-jährige Goiserer-Schuhmacher keine Kompromisse ein. Es stammt aus heimischen Gerbereien, die Häute verwerten, „bei denen ich weiß, die kommen von Kühen, die bei uns auf der Weide gestanden sind". Material aus Bangladesch, „wo die Tiere unter widrigsten Bedingungen gehalten und nur wegen der Häute geschlachtet werden", käme für ihn nicht infrage.

Qualität und Handarbeit haben ihren Preis. Ab zirka 2.000 Euro findet der Halbschuh seinen Träger, bei den Bergschuhen muss man noch etwas drauflegen, abhängig von der Höhe des Schaftes. Er hat aber auch schon Schuhe mit einem speziellen Leder gefertigt, die dem Auftraggeber 6.000 Euro wert waren. „Dafür hat man den Schuh ewig, und man kann alles daran reparieren", sagt der Schuhmacher-Meister. Der Goiserer mag ein bisschen aufs Budget drücken – dem Fuß schmeichelt er.

DO IT YOURSELF

Schuhe zum Selberbauen

Wer mag, kann für die modische Verpackung seiner Füße selbst Hand anlegen. 2021 hat Philipp Schwarz das Projekt COMAKE (comake.at) gestartet. Für 150 Euro erhält man alle Teile eines Schuhpaars zum Selberbauen nach Hause geschickt.

Die Zwienaht mit Pechdraht macht den Schuh wasserfest und flexibel.

WENN DIE HUFE KLAPPERN MITTEN IN DER STADT

Einmal im Jahr dreht sich in Ried alles ums Pferd. Der Rieder Pferdemarkt wird seit 1484 abgehalten und ist damit einer der ältesten Rossmärkte in Österreich.

Von Roman Kloibhofer

> *„Der Pferdemarkt ist die älteste Veranstaltung in Ried, sie geht mit der Zeit und passt sich den Gegebenheiten an."*
>
> *Stefan Schmid, Organisator*

Ried im Innkreis ist nicht nur Messestadt, Sportstadt und Standort international im Spitzenfeld agierender Industriebetriebe. Die 12.000 Einwohner zählende Stadt im Herzen des Innviertels ist auch Schauplatz eines der ältesten Pferdemärkte Österreichs. Bis ins Jahr 1484 können die Aufzeichnungen nachverfolgt werden, wie Stefan Schmid, seit 1997 als Organisator quasi „Mister Pferdemarkt", sagt. Gemeinsam mit Pferdeausschussobmann Georg Frauscher aus Lohnsburg (er hat 2022 Rudolf Riedl in

dieser Funktion abgelöst) zeichnet er für die Austragung des sehenswerten Marktes verantwortlich.

„Das Innviertel ist landwirtschaftlich geprägt, das Pferd als Arbeitstier für die Bauern hat eine lange Tradition", sagt Georg Frauscher. Der Rieder Pferdemarkt hat sich aus dieser Tradition heraus entwickelt. Der „Roßmarkt" als einer der prägenden Plätze in der Rieder Innenstadt dürfte früher Schauplatz dafür gewesen sein. Nun finden der Auftrieb und die Bewertung am Hauptplatz statt, ehe ein großer Festzug durch die Innenstadt zieht.

Ein Feiertag für eine Stadt

Der Pferdemarkt ist für Ried ein Feiertag. Hatte der Osterdienstag als Traditionstermin über Jahrhunderte hinweg mehr oder weniger das Osterwochenende verlängert, ist seit 2022 der Mittwoch vor Ostern Markttermin. Tausende Besucher strömen an diesem Tag in die Stadt, um mehr als 200 Pferde beim Auftrieb und beim Festzug zu bestaunen.

„Früher wurden hier noch Pferde gehandelt, nun ist der Markt eine reine Schauveranstaltung", sagt Stefan Schmid. Der Tag selbst hat eine feste Struktur: Am Vormittag geht die Vorführung (Auftrieb) der Pferde am Hauptplatz über die Bühne, und die Tiere müssen ein kleines Stück laufend zurücklegen. Dann sind die fachkundigen Juroren am Zug, die die Pferde beurteilen. Georg Frauscher stellt dazu klar: „Bewertet wird der Gesamteindruck von Pferd und Halter, es geht nicht um züchterische Kri-

Geschmückte Pferde überall

terien. Das Pferd muss von seinem Besitzer gut präsentiert werden." Meist sind sich die Juroren einig in der Bewertung. „Zum Streiten ist´s noch nie word´n", sagt Frauscher lachend.

Das legendäre Kassabuch

Noriker, Haflinger und Warmblüter – das sind die Pferderassen, die am häufigsten zur Bewertung aufgetrieben werden. Auch Ponys werden den Juroren vorgeführt. Beim Festzug sind dann auch Reitergruppen und Gespanne mit dabei. „Wenn das Wetter schön ist, rechnen wir mit mehr als 200 Pferden beim Festzug", sagt Stefan Schmid. Rund 80 Prozent der aufgetriebenen Pferde kommen aus oberösterreichischen Stallungen, aber auch aus Salzburg, Niederösterreich und Bayern bringen Pferdebesitzer ihre Tiere nach Ried.

Wichtige historische Aufzeichnungen liefert Stefan Schmid das Kassabuch des „Pferde-

> *„Mir ist wichtig, dass die Tradition dieses Pferdemarktes in der ursprünglichen Art mit dem Festzug erhalten bleibt. "*
>
> *Georg Frauscher, Organisator*

markt-Komitie vom 19. April 1915". Darin sind bis ins Jahr 1993, als die elektronische Buchhaltung begann, alle Einnahmen und Ausgaben der Pferdemarktveranstalter angeführt – bis auf die Jahre 1943 bis 1945. „Dieses Buch erzählt großartige Geschichten, wenn man die Details herausliest", sagt Stefan Schmid. Etwa jene Geschichte von den Kopftüchern, die am Pferdemarkt traditionellerweise angeboten wurden. „Der Bauer hat der Bäuerin von jedem Pferdemarkt ein solches Kopftuch mitgebracht", erzählt Stefan Schmid.

Der Festzug am Nachmittag ist der Höhepunkt des Pferde-Feiertages.

Wenn der nächste Rieder Pferdemarkt über die Bühne geht, werden all diese Traditionen weitergeführt. Und aufmerksame Besucher werden vielleicht das neben dem Dietmarbrunnen in den Boden des Rieder Hauptplatzes eingelassene Hufeisen bemerken, das auf die lange Pferdetradition hinweist.

MARKT-GESCHICHTEN

Was ein Rieder Pferdemarkt so alles mit sich bringt und gebracht hat. Stefan Schmid erzählt:

Desinfektion
Die Reinigung der Straßen Rieds beginnt schon unmittelbar nach dem Festzug. „Das Pferd hinterlässt CO2-gebundenen Mist, der muss aber auch entfernt werden, Sauberkeit ist uns sehr wichtig. Vor vielen Jahren mussten wir wegen einer Tierseuche den ganzen Hauptplatz mit Zitronensäure ‚desinfizieren‘, nicht nur mit Wasser waschen. Das war schon etwas Besonderes."

Wetterkapriolen
„Wir haben alles gehabt – von Schneesturm bis zu Frühsommerwetter und Wärmegewitter. An einem 17. April war's mit dem Schnee so extrem, da sind viele Pferdehalter gar nicht erst nach Ried gekommen. Einmal gab's am Messegelände einen heftigen Schneestauber, und am Hauptplatz war's mild und man hat gar nichts gemerkt. Ein Gewittersturm ist mir auch in Erinnerung: Es hat so was von gewettert, die Leute sind in die Hauseingänge geflüchtet. Und ein paar Minuten später war's wieder vorbei."

Verängstigte Pferde
„Sicherheit ist eine Riesenherausforderung, stellen Sie sich vor, es sind ja bis zu 4.000 Menschen in der Stadt. Feuerwehr, Rotes Kreuz, Polizei, Behörden und Bauhofmitarbeiter unterstützen uns sehr", sagt Stefan Schmid. Was die Tiere betrifft, sagt Georg Frauscher: „Ein Pferd fühlt sich unwohl, wenn etwas plötzlich in sein Gesichtsfeld kommt. Sprechen Sie beim Vorbeigehen, dann merkt das Pferd: Hier kommt wer! Auch plötzlicher Lärm kann ein Pferd aufschrecken. Vorsicht ist immer geboten."

PECHÖL, DER MÜHLVIERTLER HEILSAM

So mancher Pilger stand schon am Johannesweg im Mühlviertel verwundert davor: einem Pechöl-stein. Riesige Granitsteine, in deren flache Oberfläche eine Art Blatt eingemeißelt ist. Doch was hat es damit auf sich?

Von Manfred Wolf

Ebenso gut hätte man ein Fragezeichen in den Stein meißeln können. Denn dieses ist den meisten Pilgern ins Gesicht geschrieben, wenn sie vor einem dieser Steine stehen. Doch es ist kein Fragezeichen, sondern ein Blatt. Aber auch das bleibt eine Antwort schuldig. Ihr mystisch anmutendes Geheimnis hüten sie versteinert.

Weil es am Johannesweg rund um St. Leonhard unzählige dieser Steine gibt, suchen wir dort nach einer Erklärung und werden einen Steinwurf vom Pilgerpfad fündig. Hier sitzt der Fritz am Waldesrand. Vor ihm glost – auf so einem Stein – ein kleiner Erdhaufen. Aus dem Miniaturmeiler steigt Rauch auf.

Was er hier mache, fragen wir. Und der Fritz, Frühwirth mit Nachnamen, gibt bereitwillig Auskunft. „Pechöl brennen." Freilich, der Fritz ist nicht so einsilbig, wie es sich jetzt darstellt. Wenn er über das Pechöl ins Reden kommt, dann sprudelt es nur so aus ihm heraus, und als Zuhörer klebt man wie Pech an seinen Lippen. „Der Heilsam" sei es, den er hier herstelle. „Der Heilsam?" „Früher", sagt der Fritz, „haben die Leut'

Fritz Frühwirth beim Pechöl-Brennen

keinen Arzt zur Verfügung gehabt, sie haben sich selber helfen müssen." Und wenn es wo gezwickt hat, dann habe man sich eben mit Pechöl eingeschmiert. Vor allem aber die Ochsen, denn ihnen wurde in der Landwirtschaft vor Jahrhunderten – und davon hat dieser Brauch einige auf dem Buckel – besondere Bedeutung zuteil. Darum auch Heilsam, denn mit dem Pechöl wurden Verletzungen und Zerrungen von Tier und Mensch geheilt.

Eine Woche lang Pechöl gebrannt
Der Fritz redet munter drauflos, doch früher wurde dabei kaum geredet. Gebetet hätten die Menschen, weil der Heilsam wegen seiner antiseptischen Wirkung und als Medizin ja fürs Überleben wichtig gewesen sei. Bis zu einer Woche – je nach Größe des Steines – habe es gedauert, bis aus dem harzigen Holz das Pechöl herausdestilliert war. Eine Männerarbeit sei es gewesen, die Frauen hätten nur Essen gebracht.

Fritz brennt auf einem kleinen Stein. Er brauche ja nicht so viel, und wenn doch, dann kann er ja Neues brennen. Zumindest rund um die Sommersonnenwende.

Warum nur dann, wollen wir wissen, um die Ecke denkend, ob es eine mystische Erklärung dafür gebe. „Nein, weil der Stein nur dann warm genug ist", erklärt Fritz nachsichtig. Ist der Stein zu kalt, erstarrt das Harz dort, wo es durch die blattähnlichen, in den Stein gemeißelten Rillen zusammenrinnt und durch den „Stängel" in ein Gefäß tröpfeln soll. Und dann würde der wertvolle Heilsam verbrennen, „weil im Meiler wird es

161

Die alte Tradition wird weitergeführt.

Es läuft, das Pech

Jetzt reden wir schon gut zwei Stunden mit dem Fritz, als dann die ersten Tropfen herauslaufen. Allerdings Wasser. „Das darfst du nicht wegschütten", erklärt er. „Das macht das Pechöl haltbar." Kurz darauf tröpfelt auch das Pechöl. „Das ist für die Leute. Wenn es dunkler wird, ist es das Pechöl für die Tiere. Und zum Schluss kommt das Reampech."

„Reampech?" „Riemen. Damit die nicht so rutschen, das pickt dann richtig. Und wenn du es mit Talk vermischst, ist es ein Schmiermittel." Aber auch als „Bremer"-Öl sei es hergenommen worden. „Die mögen den Geruch nämlich nicht", sagt der Fritz und holt aus: „Früher gab's auch die Schweinepest. Und wenn die grassierte, dann hat man die Holzplanken vom Stall mit dem Öl eingestrichen und die Pest hat haltgemacht. Und bei der Maul- und Klauenseuche haben sie den Tieren in Pechöl getränkte Strohbuschen zum Kauen gegeben."

Er selbst schmiert sich Pechöl auf alle Wehwehchen. Auch wenn er einen Zecken hat – dann aber nur das mit Talk verdünnte Öl. „Sonst brennt es dir die Haut weg, weil es so scharf ist." Wenn er es mit der Lunge zu tun hat, dann fährt er mit einem Zahnstocher in das unverdünnte Pechöl und nimmt es ein.

Der Fritz brennt seit gut 55 Jahren. Seit er halt ein kleiner Bub war. Da hat er schon die Tiere „hiatn" müssen. Und dabei hat er dem Nachbarn zugeschaut, wie er Pechöl gebrannt hat. Der kleine Fritz hat damals auch

bis zu 800 Grad heiß". 24 Grad müsse der Stein mindestens warm sein, und deswegen seien die Steine südlich – also zur Sonne hin – ausgerichtet.

Auch wie der Meiler aufgebaut ist, sei wichtig. Ganz eng müsse das Kienholz geschlichtet werden. Je weniger Luft dazwischen sei, desto besser funktioniere es. Das Holz deckt er mit Fichtenzweigen ab, damit von den „Wasen", also den Rasenziegeln, mit denen er den Meiler abdeckt, keine Erde ins Pech bröselt. „Dann wird oben angeheizt", sagt der Fritz. Und mit den Wasen reguliert er die Luftzufuhr. „Drum musst du ständig dabeibleiben, weil sonst brennt dir alles ab."

Das Holz müsse übrigens ausschließlich Föhre oder Lärche sein, erklärt er. „Weil nur die das Harz nicht freigeben." Ein Widerspruch, denke ich, bevor der Fritz weiterredet: „Andere Bäume geben Harz nach außen ab, wenn sie verletzt sind. Föhre und Lärche nicht. Wenn diese Bäume verletzt sind, dann schützen sie sich an der Bruchstelle innen mit Harz." Genau diese Stellen seien es, die der Pechölbrenner sucht. „Weil nur die so richtig harzreich werden."

Steinölstein im Mühlviertel

drei richtig warme Tage am Stück bräuchte er schon, damit er auf Temperatur kommt – also der Stein, nicht der Mario. Der ist immer auf Betriebstemperatur, so findig, wie der stets im Einklang mit der Natur arbeitende Landwirt ist.

Bald aber, sagt er, steigt wieder weißer Rauch auf. Und wenn das so ist, dann tröpfelt auch der Heilsam wieder langsam aus dem Pechölstein. Jenen großen Granitsteinen mit der flachen Oberfläche, in die ein Blatt gemeißelt ist. Und das Fragezeichen, das sollte jetzt verschwunden sein. Oder?

lästig nachgefragt. Wobei, lästig findet er es ja nicht, wenn ihm wer Fragen stellt. Auch Ärzte hätten ihm schon gebannt zugehört. Mit einer Eselsgeduld antwortet er. „Sonst verschwindet dieses Wissen irgendwann."

Weiter über den „Hoadaberg"

Damit das nicht passiert, gibt der Fritz sein Wissen auch praktisch weiter. Dem Thauerböck Mario zum Beispiel. Der Biobauer hat vor neun Jahren das Handwerk beim Fritz gelernt. Und weil er ohnehin so praktisch auf dem Johannesweg liegt, gehen wir einfach weiter. Danke, Fritz, und bis bald!

Über den „Hoadaberg", einen Aussichtsberg am Johannesweg, gelangen wir kurz vor Kaltenberg nach Silberberg. Dort bewirtschaftet der Mario den Hof. Und seit neun Jahren brennt er Pechöl. Aber ausgerechnet heuer hat's mit den Temperaturen bei ihm noch nicht hingehaut. Es war einfach noch nicht lange genug warm, sagt er. Und

FAKTEN

Im Einklang mit der Natur

Pechöl wurde nur im Mühlviertel gebrannt – und hier primär im Osten, also in den Bezirken Freistadt und Perg. Auf Betreiben von Hermann Sandner aus Kefermarkt wurde das Pechölbrennen im Jahr 2013 in die Liste des immateriellen Kulturerbes des UNESCO aufgenommen. Wichtig dafür ist allerdings, dass das Handwerk immer noch aktiv betrieben wird. Der Soziologe Roland Girtler schrieb damals in seiner Empfehlung : „Das Pechölbrennen vermittelt ein Gefühl einer engen Beziehung von Mensch und Natur." Dieser Tradition folgend wird in St. Leonhard, Kefermarkt und Kaltenberg immer noch punktuell Pechöl gebrannt.

„WIE EIN KLEINES WOODSTOCK"

Seit 1992 gibt es den Konzertsommer auf Burg Clam. Michael Ehrenbrandtner ist das Gesicht hinter einer turbulenten Erfolgsgeschichte.

Ein Interview von Helmut Atteneder

OÖNachrichten: Herr Ehrenbrandtner, Sie haben Clam einmal als gallisches Dorf bezeichnet. Dann müssten Sie ja so etwas wie der Asterix von Clam sein. Wie wurde aus einer brachliegenden Wiese die größte Konzertlocation Oberösterreichs?

Michael Ehrenbrandtner: Asterix, genau. Ich kannte den Georg (Clam-Martinic, Burgherr, Anm.) vom Ziagn. Also vom Fortgehen. Irgendwann hat er einmal gesagt: Du, Michael, ich würde gern die Brauerei wieder aktivieren. Wenn du eine Idee hast, wie ich mein Bier verkaufen kann, lass es mich wissen. Ich war damals musikalisch mit meiner Band Stormbringer unterwegs, aber auch bei Konzerten als Mädchen für alles, und als Plakatierer.

OÖN: Welchen Beruf haben Sie eigentlich erlernt?

Nichts. Ich war Metal-Fan und habe Stromgitarre gespielt. Ich war ein Rock'n'Roller. Mit meiner Band war ich öfter mal Vorgruppe, unter anderem für Ostbahn-Kurti. Durch diese Kontakte kam es zum ersten Konzert auf Clam am 3. Juli 1992. Der Kurti war damals der größte österreichische Künstler. Da hat jeder gesagt, bist deppert, du kannst doch den Kurtl nicht in Clam bringen. Ich hab ihn trotzdem da gespielt. Das war noch im Gastgarten und mit 1.400 Leuten ausverkauft. Der Kurti hat damals 100.000 Schilling gekostet und ich habe mir gedacht, gut, da muss ich 300 Karten verkaufen und der Rest war mir egal. Im nächsten Jahr haben wir schon acht Konzerte gespielt.

OÖN: Wir?

Ja, ich war der Veranstalter und der Georg der Burgherr, der Graf. In den nächsten Jahren ist es so richtig losgegangen. Alle Konzerte waren ausverkauft und ich bin richtig abgehoben. Ich habe gedacht, Wahnsinn, ich bin unfehlbar. Alles, was ich angreife, wird zu Gold. Und dann habe ich in meiner Überdrüberkeit den Grönemeyer angefragt. Im Februar 1996 kriege ich einen

Michael Ehrenbrandtner mit Kurt Ostbahn und Burgherr Georg Clam-Martinic

Woodstock-Feeling auf Burg Clam

Anruf: Hast du Geld? Sage ich: Jo. Sagt der: Gut, der Grönemeyer ist bestätigt. Sage ich: Aha. Was ich nicht gesagt habe, war, dass ich gar kein Gelände für so ein großes Konzert hatte. Ich hatte mir das nur so im Geist ausgemalt. Ich habe dann zu einem Freund gesagt: Du, da müssen wir aufschütten. Das war die Geburtsstunde der Meierhofwiese als Konzertplatz. Und dann war der Grönemeyer ausverkauft. 10.000 Leut. Aber ich habe einen riesigen Fehler gemacht.

OÖN: Das zweite Grönemeyer-Konzert am Tag danach?

Genau. Alle haben mir davon abgeraten, aber die Gier bringt dich um. Ich dachte mir, ich werde jetzt reich! Letztlich sind 1.700 Leute gekommen und meine Karriere als Konzertveranstalter war nach dem ersten großen Konzert wieder vorbei. Freunde haben mich finanziell durchgeboxt, bis ich wieder weitermachen konnte.

OÖN: Heute spielt Clam in einer Liga, die Stars wie Elton John, Simply Red oder Lionel Richie anlockt.

Clam ist mittlerweile international bekannt. Diese Künstler zu bekommen, ist nicht mehr das Problem, die Manager melden sich von sich aus. Am Anfang hieß es immer: Where? What? Glem? Bis ich Mother's Finest engagiert habe, die mittlerweile zur Familie gehören. Die haben mich in der Szene bekannt gemacht. Jeder, der auf Clam gespielt hat, hat gesagt, das ist „a magical place". Besonders motiviert waren die Söhne Mannheims, die ihr Konzert gleich zweimal hintereinander und zum Schluss noch ein Wunschkonzert gespielt haben. Konstantin Wecker hat bis halb eins in der Früh gespielt.

OÖN: Das Besondere ist der Ort.

Ja, der Geist, der hier herrscht. Es ist wie ein kleines Woodstock. Ich weiß auch, welche Künstler hier funktionieren. Deshalb ist Clam Rock so ein großer Erfolg. Nach Clam passt zum Beispiel die Band Europe. Final Countdown und so. Wenn du das in Wien spielst, kommen 300 Leute, bei mir waren 7.000. Am Anfang war mir sehr wichtig, dass ich meine Idole engagiere. Manfred Mann's Earth Band, Status Quo, Uriah Heep, Santana – mittlerweile kenne ich die alle.

OÖN: An welchen Künstler erinnern Sie sich ungern zurück?

Der härteste Künstler vom Handling her war Van Morrison. Es ist eine Ehre, wenn so ein Topstar kommt, aber er ist generell schwierig. Er pflegt auch mit seinen Musikern keinen Kontakt. Die Ansprüche sind enorm. Er hat auf seiner Liste zum Beispiel ein Brathendl, das muss ihm jemand in Anzug und Krawatte servieren. Legendär war auch am 28. Juni 2000 die Absage von Status Quo – die mittlerweile bei BBC erzählen, wie großartig Clam ist. Am Tag vor dem Konzert kommt der Tourmanager und sagt: Wo ist die Bühne? Ich sagte: Do is. Darauf er: No way! Das ist maximal die Größe, die wir für unsere Gitarren brauchen. Dann kam noch Francis Rossi, schaute sich um und sagte: „The stage and the venue is not suitable." („Bühne und Ort sind nicht geeignet", Anm.)

OÖN: Welcher Superstar war überraschend einfach zu handeln?

Elton John. Er ist angekommen, hat sich in sein Zimmer gelegt und Fußball im Fernsehen angeschaut.

OÖN: Von welcher Band auf Burg Clam träumen Sie?

Auch Carlos Santana spielte hier.

Von meiner Lieblingsband, The Who. Ich habe schon einmal angefragt, aber die haben immer noch so ein hohes Preissegment, das ist nicht leistbar.

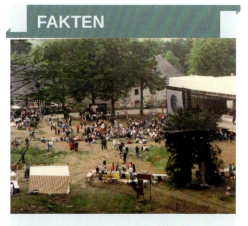

FAKTEN

Wer schon aller da gewesen ist

366 Konzerte mit **591 Acts** in **32 Jahren** gab es bisher auf Clam. Pro Veranstaltung arbeiten mehr als 400 Personen auf dem Gelände.

Hier eine illustre Auswahl:
Elton John, James Blunt, Zucchero, Nick Cave, Parov Stelar, Deep Purple, Patti Smith, Austria 3, Bryan Adams, Konstantin Wecker, Wir sind Helden, George Benson, Joe Cocker, Silbermond, Scorpions, Sting, Seiler und Speer, Thirty Seconds to Mars, Joss Stone, Billy Idol, Toto, Herbert Grönemeyer, Wanda, Neil Young, Kurt Ostbahn, Die Seer, Nickelback, EAV, Folkshilfe, ZZ Top, Rod Stewart, Seeed, Christina Stürmer, Pink!, Nena

BILDNACHWEIS:

Alle Bilder, wenn nicht anders angegeben: Volker Weihbold

Die Rechte aller weiteren Bilder liegen bei den jeweiligen Erstellern oder Institutionen:

S. 15 li.:	Linz AG
S. 28-31:	OÖ Tourismus GmbH/Martin Fickert
S. 61:	Archiv Salzburg AG Tourismus
S. 62:	Salzburg AG Tourismus
S. 63 li.:	Salzburg AG Tourismus
S. 63 re.:	Archiv Salzburg AG Tourismus
S. 60:	OÖ Tourismus/Andreas Röbl
S. 65-67:	Gabriel Egger
S. 69:	Edmund Brandner
S. 70:	privat
S. 71:	Traunseeschifffahrt
S. 80-81:	Michael Emprechtinger
S. 84:	Sepp Friedhuber
S. 86:	Clemens Thaler
S. 100+103:	Franz Brandl
S. 106+107 o.:	privat
S. 107 u.:	Sammlung Hackl
S. 108:	Manfred Wolf
S. 112:	Bernhard Lichtenberger
S. 113:	OÖTourismus/Stefan Mayerhofer
S. 114:	Mühlviertler Alm/Hawlan
S. 128+130:	Franz Sieghartsleitner
S. 129:	Nationalpark Kalkalpen
S. 131:	Bernhard Lichtenberger
S. 132+134:	Antonio Bayer
S. 133:	Leberkas-Pepi
S. 152+154:	Dietmar Denger
S. 153+155:	Rudi Kain
S. 156-158:	Roman Kloibhofer
S. 159:	Archiv Pferdemarkt
S. 160+162:	Biohof Thauerböck
S. 165:	Eike-Clemens Kullmann
S. 167 re.:	privat